Vittorio Feltri

L'IRRIVERENTE

Memorie di un cronista

MONDADORI

Dello stesso autore
in edizione Mondadori

Non abbiamo abbastanza paura
Chiamiamoli ladri
Il borghese
Una Repubblica senza patria (con Gennaro Sangiuliano)
Il Quarto Reich (con Gennaro Sangiuliano)
Il vero cafone (con Massimiliano Parente)

librimondadori.it

L'irriverente
di Vittorio Feltri

ISBN 978-88-04-71834-5

Published by arrangement with Delia Agenzia Letteraria

I edizione ottobre 2019

Indice

L'irriverente

I

Giorgio Gaber

Spirava un'aria frizzantina quella placida domenica sera di luglio a Bergamo alta. All'interno delle ciclopiche mura, a cui il mio cuore resta inchiodato, era in corso la festa dell'Unità, alla quale aderivano con entusiastica partecipazione non solo i comunisti delle valli e della città ma tutti i bergamaschi desiderosi di trascorrere del tempo ameno ascoltando musica e divorando succulento cibo di strada, come si usa fare tuttora nelle sagre paesane. Persino io, che all'epoca ero socialista, mi univo con delizia a questa adunata di rossi e rossi scoloriti, insieme a qualche amico. Ero appena diciottenne e quell'anno era stato invitato all'evento un artista già conosciuto e apprezzato in tutta la penisola, il cantautore Giorgio Gaber. In estate nelle piscine pubbliche di Bergamo i suoi brani facevano da sottofondo. Aveva 22 anni, allora, e non si dava affatto delle arie, come del resto non fece mai. Ho davanti agli occhi un'immagine di lui sul palco, mentre intona una delle sue canzoni. Indossava una camicia celestina, una giacca blu classica con tre bottoni, un pantalone grigio e le Clarks. L'eleganza mi rimane più impressa nella mente della sciatteria, che cerco di dimenticare. Allora anche i giovani vestivano in modo sobrio e raffinato ed è forse questo ciò che rimpiango del tempo passato, pur non avendo uno spirito sentimentale e nostalgico nei confronti di ciò che fu. Il rimpianto è da sfigati. Preferisco il pentimento.

Ma torniamo a quel giovanotto lassù, con la sua chitarra tra le braccia e i suoi modi composti. Nessuno della platea che lo osservava si strappava i capelli, non era Paul McCartney né Elvis Presley, eppure incantava. Terminata l'esibizione, quando la maggior parte della gente accorsa era già rincasata, Giorgio scese dal rudimentale palchetto e si avvicinò al baracchino delle birre, ne prese una e poi fece due o tre passi verso quei ragazzi che se ne stavano seduti a un tavolino, tra i quali c'ero io. Non osò chiederci se potesse accomodarsi accanto a noi, eppure ci lanciò un'occhiata. Non mancammo di incitarlo a unirsi alla brigata, ed egli accettò di buon grado l'invito. All'improvviso il «divo», l'ospite d'onore, l'attrazione della serata, era uno di noi. Chiacchierammo a lungo. E prima di congedarci, Gaber e io ci scambiammo il numero di telefono, promettendoci a vicenda che ci saremmo fatti vivi nel caso in cui io mi fossi trovato a Milano, dove Giorgio abitava, o lui fosse tornato a Bergamo.

Va da sé che non ci telefonammo mai. Tuttavia conservai il suo numero, appuntato scrupolosamente nella rubrichetta personale che tenevo sempre in tasca. Qualche anno dopo mi trasferii nel capoluogo lombardo per lavorare alla «Notte», eppure non chiamai Gaber, non mi sembrava opportuno disturbarlo dicendogli: «Ehi, ti ricordi di me? Ci siamo conosciuti alla festa dell'Unità diversi anni orsono. Sono Vittorio, bevemmo una birra insieme». Sarebbe stato ridicolo. Addirittura imbarazzante. Ma il contatto mi risultò utile non appena mi fu affidata la stesura di un articolo riguardante proprio il cantante. Lo chiamai. Mi rispose. Accettò l'intervista. Non feci parola del passato. Ci incontrammo. Lo intervistai. A un certo punto, vidi lo sguardo di Giorgio impegnato in uno sforzo mentre mi scrutava.

«Mi sembri un viso conosciuto. Credo che ci siamo già visti da qualche parte.»

«Be', sì, in effetti, ci siamo già visti. Alla festa dell'Unità di Bergamo, sette o otto anni fa.»

«Ma certo, sì. Mi ricordo. Vittorio, poi non mi hai telefonato…»

«Come no?! L'ho fatto adesso.»

Nacque così la nostra amicizia. Che forse era già nata. Solo che noi ancora non lo sapevamo. Giorgio mi leggeva e spesso telefonava in redazione per complimentarsi per i miei pezzi o per commentarli. Non erano rare le sere in cui, uscito distrutto dal giornale, lo incontravo per cenare insieme. In genere ci recavamo nelle solite vecchie osterie, chiamarli «ristoranti» sarebbe troppo, erano taverne dall'ambiente accogliente, caldo e familiare, dove ci sentivamo a nostro agio. Una in particolare era cara a Gaber, non ricordo esattamente la via, né il nome del locale. Si trovava nei pressi di Porta Romana. Lì a volte ci raggiungeva una nostra amica. Si mangiava, ma soprattutto si rideva. Io e Giorgio andavamo d'accordo perché eravamo molto simili. Era refrattario come me alle etichette, ai luoghi comuni, ai cliché, ai pregiudizi e ai giudizi. Gaber era un ribelle, un anarchico, un anticonformista. In lui convivevano in perfetta armonia uno spirito introspettivo, umbratile, riservato, se non addirittura solitario, e uno spirito giocoso, bambinesco, scanzonato e irriverente. Penso che questo trapeli pure dalle sue canzoni. Personalmente prediligo di gran lunga il primo Gaber, a livello artistico, ossia quello romantico, quello di una delle mie canzoni preferite: *Porta Romana*. Ammetto che tuttora, quando la ascolto, mi commuovo. Vengo travolto da vecchie e tenere memorie custodite nei meandri del cuore. Ripenso alla mia prima moglie, Maria Luisa, morta giovanissima. E anche ai primi amori, agli anni Sessanta, quando i novelli fidanzatini per godere di un barlume di intimità si recavano al cinema e occupavano le ultime file, poco interessati al film in proiezione e molto interessati alle reciproche esplorazioni. Nulla di scandaloso. Nulla di losco. Tutto aveva un sapore dolce e innocente, persino ciò che allora sembrava peccaminoso adesso mi appare così ingenuo. Puro. E lo era.

Un'altra canzone che ascolto sovente è *Così felice*, del 1964.

Una sera, mentre consumavamo la nostra cena, Giorgio mi confidò di essere afflitto da una sorta di rimpianto o complesso. Non si era mai laureato e questo lo faceva sentire quasi difettoso, incompleto, o inadeguato. Era un artista di successo, amato e stimato dal grande pubblico proprio per i suoi testi arguti, eppure si percepiva monco. Si era iscritto alla facoltà di filosofia e studiava forsennatamente ma pure a fatica, dato che la sua carriera era tutt'altro che poco impegnativa, al fine di colmare quello che considerava un terribile handicap. Sentendolo parlare, mi resi conto della serietà della sua inquietudine. E volli sdrammatizzare senza prenderlo in giro. Anche perché mi appariva assurdo soffrire per non avere la laurea. Gli stilai dunque sul momento la lista di intellettuali, scrittori, poeti, giornalisti, scienziati che non avevano mai frequentato l'università e che pure nelle università erano entrati sì, ma come autori da studiare e mai nel ruolo di studenti. Annoverai Eugenio Montale, Umberto Saba, Gabriele d'Annunzio, Benedetto Croce, Grazia Deledda, Enzo Biagi, Orio Vergani, Salvatore Quasimodo, Walt Disney, Henry Ford, Guglielmo Marconi. Gli unici Nobel italiani per la letteratura laureati furono Pirandello e Carducci. Giorgio restò attonito per qualche minuto. Mi guardava perplesso, a bocca aperta, rimuginando pensieri nella sua testa. Poi si mise a ridere. «Ma dici davvero? Sei sicuro?» mi domandò ancora incredulo. «Certo, e se vuoi ora ti faccio l'elenco dei coglioni con la laurea» risposi. E scoppiammo a ridere. Quella sera Giorgio guarì definitivamente dal suo complesso d'inferiorità o di inadeguatezza. E io posso dire di avere un merito: ho fatto sì che Gaber lasciasse gli studi. E trovasse finalmente pace. Non diede più un esame. E a lungo mi ringraziò per averlo liberato dall'ansia di dovere a tutti i costi diventare dottore.

Nel corso di uno dei nostri incontri in osteria nacque uno dei brani più celebri di Giorgio: *Destra-Sinistra*. Ci domandavamo che diavolo di senso avesse ancora discettare di sinistra e destra, rossi e neri. Cosa è di sinistra e cosa è di destra? Era questo il quesito fondamentale. Egli tirò fuori dalla tasca della sua giacca un foglio piegato in quattro e la penna e iniziò a prendere appunti. «Fare il bagno nella vasca è di destra, fare la doccia invece è di sinistra», «un pacchetto di Marlboro è di destra, di contrabbando è di sinistra», «una bella minestrina è di destra, il minestrone è sempre di sinistra», «la patata per natura è di sinistra, spappolata nel purè è di destra», «il culatello è di destra, la mortadella è di sinistra», «non si sa se la fortuna sia di destra, la sfiga è sempre di sinistra», «i collant son quasi sempre di sinistra, il reggicalze è più che mai di destra». A quel punto fui sopraffatto da un'esigenza corporale e lo dissi in modo anche esplicito, addirittura triviale: «Scusate, devo pisciare, ma non seguitemi». E Gaber: «La pisciata in compagnia è di sinistra», e io aggiunsi «il cesso è sempre in fondo a destra».

Non avevo idea che venissero concepite così le canzoni e restai a dir poco sbalordito, oltre che compiaciuto, allorché Giorgio mi fece consegnare al «Giornale» il cd che conteneva l'opera.

Ogni volta che Giorgio si esibiva a Milano o nella mia città natale, mi inviava i biglietti per i miei figli, che lo adoravano. Aveva queste attenzioni, queste delicatezze quasi commoventi. Era un animo gentile. Uno dei miei amici più cari.

Gli impegni, i guai, i fatti della vita, questa corsa spericolata verso non si sa cosa, ci conducono spesso a perderci di vista per un po'. Eppure, tra amici veri quel filo sottile e invisibile che ci lega non si spezza mai. Ecco perché ritrovarsi è come rivedersi dopo ieri. Sapevo che Giorgio era molto malato. Un giorno mi telefonò sua moglie, mi fece capire che egli stava per lasciarci. Me lo fece intuire, poiché non aveva la forza di parlarne esplicitamente. Quindi, in un certo senso, il suo trapasso me l'aspettavo. Era nell'aria. Tuttavia, restai raggelato quel dì. Era il 1° gennaio 2003. Alcuni redattori irruppero nel mio ufficio. «È morto Giorgio Gaber, direttore. Dove lo inseriamo?» Il giornalista ha la dannazione di arrivare per primo anche alle notizie che non vorrebbe mai apprendere e chissà perché si dà sempre per scontato che queste non gli facciano più nessun effetto. Fu un pugno allo stomaco. Il sangue si congelò nelle vene, il respiro si bloccò nei polmoni, mentre nella mia mente scorrevano immagini mute alla velocità della luce. Eccomi lì, oltre quarant'anni dopo il nostro primo incontro, da Bergamo a Milano, dalla fanciullezza all'età adulta, dalle fervide speranze per il futuro alle sudate sicurezze del presente. Giorgio in tutto questo era cresciuto insieme a me. E non ce n'eravamo quasi accorti. Com'era possibile?

E ora lui non c'era più. Quel ragazzo con l'asciutta giacca blu, i pantaloni grigi, la camicia celestina e le Clarks, che con la mia stessa timidezza si era seduto accanto a me al tavolino di un bar improvvisato, se ne era andato via. Per sempre.

Lo ritrovo ancora. Quando ascolto la sua voce. La sua musica. E lì ritrovo anche me.

II

Enzo Tortora

Non ho mai avuto una simpatia particolare per Enzo Tortora. Il che non vuol dire che non apprezzassi il suo eloquio ricercato e preciso, forbito ma allo stesso tempo semplice. Esso era perfettamente idoneo ad arrivare al vasto pubblico. Enzo, conduttore di trasmissioni di successo, popolare e amato dalla gente, però non suscitava l'ammirazione dei giornalisti. Non lo avevo conosciuto di persona, lo vedevo in tv. E mi dava l'idea di essere un po' arrogante e supponente. Quando lavoravo alla «Notte», lui vergava per «il Resto del Carlino» e «La Nazione», quotidiani del gruppo Monti, e il suo stile di scrittura era notevole, tanto che io conservo una raccolta dei suoi pezzi e prima o poi vorrei farli pubblicare insieme con un giornalista molto in gamba, Zucchini. Gli argomenti affrontati da Tortora erano i più variegati, spaziava dalla politica alla cronaca, senza trascurare il costume. Nonostante fosse un ottimo cronista della carta stampata, la sua forza era senza dubbio la televisione. Dobbiamo riconoscere che nessuno come lui possedeva un linguaggio sciolto, elegante e penetrante.

Allorché accadde che una mattina lo arrestarono in un albergo di Napoli, conduceva un programma molto popolare, «Portobello». Quel dì tutti noi giornalisti restammo sbalorditi: Tortora era stato messo al fresco per spaccio di droga e adesione alla camorra. Mi trovavo al «Corriere», all'epoca, e non posso nascondere di avere riscontrato che quasi tutti in redazione erano soddisfatti per la cattura di quel mostro travestito da pecora immacolata. Era un piatto succulento per la stampa italiana. Non ci fu un quotidiano che non prese codesto arresto come una manifestazione evidente di abilità da parte della magistratura, che era riuscita a incastrare un famoso che sembrava consumare droga e venderla e che fosse culo e camicia con la camorra. Io non partecipai ai festeggiamenti. Non mi feci trascinare dalla frenesia della pubblica piazza che inveisce contro la bestia da espellere o condannare a morte. Del resto, la direzione non mi aveva affidato il caso; a Napoli, dove si svolgevano i fatti, era stato mandato un nostro inviato, che si chiamava Adriano Baglivo. Quest'ultimo sposò completamente la tesi accusatoria, come tutti, del resto.

Avvenne in seguito che fui inviato a Napoli, per seguire il processo. Quando vi giunsi, non nutrivo alcun convincimento particolare: non ero certo che Tortora fosse colpevole né ero certo che fosse innocente. Mi fermai a Napoli per alcuni mesi, insieme agli altri inviati. Lì ho scoperto che la città partenopea è quella in cui è possibile vivere meglio rispetto al resto del mondo, ammesso che si abbiano due lire in tasca. Insomma, con pochi soldi nel capoluogo campano campi da gran signore. Uscivo alla mattina dal mio albergo, il Vesuvio, ubicato in pieno centro, raggiungevo la piazza e mi sedevo sulla seggiola del lustrascarpe, il quale con zelo e meticolosità mi lucidava le calzature, alla cui pulizia sono sempre stato attento. Nel momento stesso in cui dal bar di fronte mi vedevano accomodato su quello che era il mio trono, subito mi veniva consegnato il caffè. Un caffè meraviglioso di cui ho nostalgia. Gustandolo davo un'occhiata ai giornali circondato dalle carinerie dei napoletani, che sono un popolo accogliente e sorridente. Ne conservo un bellissimo e tenero ricordo.

Mi abituai a Napoli meglio che a Bergamo. Avevo persino la mia cerchia ristretta di fraterni amici indigeni, tra i quali l'eccellente collega Paolo Isotta. Coloro che facevano parte del corpo stampa, me incluso, si trovavano durante il giorno e pure la sera. Avevamo istituito una sorta di club, all'interno del quale era dominante, se non unica, la corrente accusatoria, composta da colpevolisti senza dubbi e senza scrupoli. I toni erano di scherno, di rabbia e antipatia. I giornalisti italiani odiavano il successo di Enzo Tortora, la sua supponenza, che ai loro occhi rendeva ingiusta e immeritata tanta riuscita. Per tutti il personaggio televisivo in questione era troppo arrogante per meritare popolarità e trionfi. Il pool di giornalisti, tutti gli inviati dei più grandi quotidiani della penisola, si incontrava anche a cena. Consumato il pasto serale, tra una chiacchiera e l'altra, tra una risata e una risatina, io me ne andavo a dormire, mentre la nottata proseguiva con i tornei di poker e altre bischerate, per le quali ci si riduceva sempre a fare le ore piccole. Siccome a me del poker non me ne fregava nulla e dopo un po' diventavo allergico alla compagnia, mi rintanavo in camera.

Fu in una di queste sere, una di quelle in cui non avevo molto sonno né potevo intrattenermi con la tv che l'albergo non mi aveva dato in dotazione, che mi misi a sfogliare svogliatamente le carte che ammassate alla rinfusa dentro un fascicolo se ne stavano abbandonate da giorni sul comò della mia stanzetta. Erano le fonti che noi tutti avevamo a disposizione e che suppongo nessuno avesse studiato. Si trattava di carte che riguardavano il processo. Ho cominciato a leggerle non organicamente, finché l'occhio a un certo punto mi cadde su una dichiarazione di un certo Gianni Melluso, il quale era un pentito che puntava il dito contro Tortora sostenendo di avergli consegnato chiusa in una scatola di scarpe la droga a Milano, in piazzale Loreto, il 5 maggio. Una decina di pagine più avanti, però, nel verbale di un altro interrogatorio Melluso non nominava più piazzale Loreto, bensì menzionava piazzale Lotto. Ebbi una specie di illuminazione e mi sono detto: «Vabbè, vediamo un po' dove si trovava questo tizio qui il 5 maggio, dato che ha le idee un po' confuse».

Così, la mattina seguente, telefonai a un archivista del «Corriere», una sorta di genio dotato di una mano sola, chiedendogli con gentilezza di farmi una ricerca per scoprire e chiarire una volta per tutte dove diavolo si trovasse questo Melluso il 5 maggio di quel benedetto anno. Trascorsero un paio d'ore e giunse il responso. L'archivista mi chiamò e mi comunicò che Melluso quel 5 maggio lì era rinchiuso nelle carceri di massima sicurezza di Campobasso. Quindi, a meno che non avesse avuto il dono dell'ubiquità, non poteva avere consegnato la droga. Lì mi insospettii. Andai avanti a leggere le carte e venne fuori la fotocopia di un'agendina di un certo Giovanni Pandico, altro pentito che accusava Tortora. Su quella rubrica, in effetti, appariva il nome di Tortora con un numero di telefono. Appuntai quel recapito telefonico e l'indomani mattina, dopo la sosta dal lustrascarpe con tanto di immancabile degustazione di caffè napoletano, composi quel numero. Fui travolto dalla risposta di chi dall'altro capo della cornetta mi aggredì con un ruggito e un accento spiccatamente meridionale: «*Ma cu cazzu sì?! Ma va fanculu!*». Era evidente che non si trattava dell'utenza di Tortora. Restai raggelato, ma anche soddisfatto per la scoperta.

Insomma, leggendo meglio le carte mi resi conto piano piano che si trattava di fandonie. Castelli di fandonie. Contattai un avvocato di Tortora quello stesso pomeriggio. Compresi che si era persa la visione della realtà e si stava dietro ai pentiti prendendo ogni loro affermazione come verità indiscutibile, che sarebbe stato superfluo addirittura verificare. Grave e insopportabile leggerezza! Come se non bastasse, le figure di questi criminali che si definivano «pentiti» venivano addirittura esaltate dalla stampa. Tanto Tortora veniva denigrato, umiliato, offeso dalle penne dei colleghi, tanto Melluso e Pandico venivano lodati, messi in buona luce, coccolati. Molte firme ne sottolineavano la precisione, l'affidabilità, la meticolosità nel parlare in aula, nonché l'aspetto curato e pulito. Insomma, essi erano i giusti. Tortora il delinquente sanguinario. Per esempio la memoria di Pandico fu definita «elettronica» ed egli stesso «mai superficiale», «mai generico», «sempre attentissimo», lucido, senza ombre di incertezza. Melluso, invece, veniva descritto come un uomo elegante, curato, pignolo, quasi maniacale nell'esposizione puntuale dei fatti. Era questo un modo disonesto di rappresentare la realtà, e se non disonesto almeno malizioso, e se non malizioso quantomeno leggero, troppo leggero. E con la leggerezza si può uccidere. Talvolta i cristiani. Talvolta la verità. O entrambi.

Ne parlai anche con un altro avvocato di Tortora, Raffaele Della Valle. E da quel momento svoltai: diventai innocentista strenuo. Cominciai a scrivere articoli difensivi che cozzavano con quelli degli altri inviati, o della stampa in generale. Il mio direttore era allora Piero Ostellino, il quale mi dava retta e campo libero, cosa fondamentale. Se il direttore è con te e ti fornisce il suo appoggio, spacchi le montagne. Se al contrario inizia lui per primo a fare ostruzionismo, molli tutto. Fu Ostellino a promuovermi inviato. Ammetto che tale promozione in una prima fase mi fece addirittura incazzare, forse perché sono un tipo abitudinario. Ero caporedattore della politica e nel mio consolidato ruolo mi trovavo alla grande, non avevo tanta voglia di cambiare e di andare a zonzo. Quell'avanzamento invero fu la mia fortuna, anche perché godevo di ampia libertà, potevo scrivere di ciò che mi pareva. Prima che Ostellino ci lasciasse, qualche anno fa, mi capitava di incontrarlo a Milano e ogni volta mi ricordava la vicenda di Tortora, aggiungendo con un sorriso luminoso e gli occhi lucidi: «Vittorio, tu sei stato il più bravo». Cosa che detta dal tuo direttore, sebbene non lo sia più e sebbene tu stesso sia alla guida di un quotidiano, continua a fare lo stesso straordinario effetto. Ritengo senza presunzione che la mia posizione sia stata fondamentale per fare chiarezza sulla vicenda Tortora. E questo è uno dei privilegi e delle responsabilità che comporta il nostro mestiere. Ai miei giornalisti qualche volta rammento che scrivere non è come pisciare, ma devo ammettere che alcuni scrivono come se pisciassero. E lo fanno controvento.

Tornando al nostro amico, in primo grado egli venne condannato a dieci anni di galera come seminatore di morte. Il giorno della pronuncia della sentenza ero in aula con tutti gli altri. Allorché il presidente del tribunale pronunciò il verdetto, i colleghi esultarono, il che mi provocò uno strano senso di nausea più che costernazione. Essi gioivano come quando ai Mondiali di calcio segna l'Italia. Rimasi gelido. La mia battaglia non si concluse. Sentivo necessario seguitare a battermi per la libertà di un innocente. Rispondevo alla mia coscienza oltre che alla mia profonda convinzione.

Infatti, continuai a scrivere di Tortora. A un certo punto il pubblico ministero Diego Marmo prese a telefonarmi amichevolmente, cosa che mi faceva piacere. Mi trattava benissimo. La serie di chiamate proseguì pure dopo l'assoluzione di Enzo. Facevamo quattro chiacchiere sulla giustizia. E non nascondo che ero sorpreso dal suo interessamento nei miei riguardi.

Non seguii il processo in secondo grado. Non raggiunsi Napoli. Il mio stato d'animo era di avvilimento, non mi rassegnavo che si potesse consumare un'ingiustizia simile ai danni di un uomo come Tortora, tuttavia continuavo a scrivere. In quel periodo avevo lasciato il «Corriere» per fare il direttore di «Bergamo Oggi», esperienza che durò un anno prima che la nostalgia della metropoli e del quotidiano nazionale mi prendesse come una febbre. Un giorno appresi che Tortora era stato trasferito nel carcere di Bergamo e decisi di andare a fargli visita. Erano le settimane in cui in quella stessa prigione si trovava recluso l'editore Angelo Rizzoli, il quale diversi anni prima mi aveva assunto al «Corriere d'Informazione».

Mi ritrovai davanti un signore deperito, stanco, consumato. Enzo era l'ombra di se stesso. Del conduttore di fama, orgoglioso, abile, capace di incatenare lo spettatore davanti al piccolo schermo con la sua verve, era rimasto un uomo invecchiato, fragile, demoralizzato. Eppure nel suo volto si leggeva ancora quella fierezza che molti scambiavano per arroganza. Non appena mi vide, mi ringraziò con parole sincere e commoventi. «Sei stato il primo che ha avuto il coraggio di difendermi» mi disse. «Ma quale coraggio!» risposi io. «La verità non richiede audacia, bensì soltanto onestà» aggiunsi. «Il che non mi sembra poco» replicò. In realtà, dopo un mio articolo, pubblicato sulla «Domenica del Corriere» del 5 ottobre 1985, in molti cambiarono bandiera. Dell'innocenza di Tortorasi persuasero Indro Montanelli, Giorgio Bocca, Enzo Biagi. Io non ero un giornalista di fama, ero un semplice inviato.

Prima che fosse assolto, io ero già rincasato al «Corriere». Pannella candidò Enzo Tortora alle elezioni europee ed egli fu eletto parlamentare europeo. Era ancora sotto inchiesta. Dopo circa un anno da eurodeputato, Tortora rassegnò le dimissioni poiché desiderava essere giudicato senza appigli, senza farsi scudo dell'immunità. E venne assolto. Tuttavia, il calvario non terminò. Subito dopo Enzo si ammalò gravemente. Mi recai a casa sua, in via Piatti a Milano. Mi ricevette con gioia. Mi ringraziò ancora, mi abbracciò con calore ma anche debolmente, quasi gli mancassero le forze. Si percepiva che la vita lo stava piano piano abbandonando o che egli stesso, sfinito, stava abbandonando la vita. Dopo pochi giorni si spense. Non mi restò che narrare la cronaca del suo funerale sulla prima pagina del «Corriere». Fu il modo migliore che trovai per salutarlo.

Quando presi le difese di Tortora, durante gli anni del processo, l'acredine dei colleghi verso Enzo si riversò pure su di me. Mi prendevano per il culo, questo lo ricordo bene. Ma non me ne fregava niente. Io non facevo parte della congregazione. Me ne stavo isolato.

Quella contro Enzo Tortora è stata una congiura nei confronti di una persona che, essendo innocente, non è stata in grado di difendersi, perché quando non hai colpe sei prostrato e indignato del fatto che ti accusino. Accadrà ancora. Accade ancora.

Lo hanno ammazzato. È morto Tortora. È morto. Massacrato dai magistrati e dai giornalisti.

III
Angelo Rizzoli

Dalla cima dello scalone di marmo che mi accingevo a percorrere per scivolare lesto al sole e all'aria in via Solferino, vidi un mattino, intorno alle ore 13, un uomo che saliva dal pianterreno quasi fermandosi a ogni gradino, come se portasse addosso un peso opprimente. Il suo viso tuttavia era straordinariamente disteso, luminoso, giovane, e non tradiva segni di fatica. Giovinezza che creava un contrasto addirittura affascinante con quelle movenze e quel fare da vecchio. Angelo Rizzoli era mio coetaneo e pure mio editore e non sembrava né uno né l'altro. A causa di difficoltà motorie camminava con l'ausilio di un bastone di legno, che gli conferiva uno charme aristocratico legandolo a un passato oramai tramontato, e non si atteggiava affatto. Trattava tutti da pari. Pure me, l'ultimo arrivato. Infatti, lavoravo al «Corriere d'Informazione» soltanto da qualche giorno.

Rallentai il passo, perché il mio impeto strideva troppo con la placida lentezza di Rizzoli junior. Ci eravamo quasi incrociati quando Angelo sollevò il viso verso di me e con un sorriso appena abbozzato eppure sincero esclamò: «Buongiorno». Intuito il suo desiderio di fare quattro chiacchiere, o forse solamente una sosta più prolungata, inchiodai le suole. «Come sta? E come si trova qui al "Corriere"?» mi chiese in un modo così autentico che mi sembrò evidente che le mie risposte gli interessassero davvero. Non nego che fui sbalordito dalla sua cortesia. Angelo Rizzoli non aveva nulla dell'imprenditore, tuttavia si era costretto a diventarlo e lo faceva a fatica. Era un intellettuale, brillante e raffinato. Mancava di spirito pratico, di malizia, di furbizia, di quella cattiveria che serve quando bisogna curare gli affari, soprattutto i propri. Era una persona specchiata, limpida, genuina. Ed era dotato di una non comune capacità di argomentare su qualsiasi tema. La quale incantava l'interlocutore.

Erano gli anni Settanta e io ero finito al «Corriere» per puro caso. Era avvenuto un fatto epocale: Indro Montanelli era sloggiato, per fondare un suo foglio, e aveva saccheggiato la redazione di via Solferino portandosi via le firme più illustri, come Enzo Bettiza, Mario Cervi e molti altri signori di qualità. Fu una scissione, come quelle che si realizzano all'interno dei partiti. Quella che era stata un'ipotesi a lungo meditata, o un sogno sempre sognato, diventò realtà: nacque «il Giornale nuovo», «nuovo», poiché «il Giornale» già esisteva, a Varese. Lo stile del quotidiano di Montanelli era il medesimo del «Corriere», ma i mezzi erano molto più modesti. Così il 25 giugno 1974, giorno del mio trentunesimo compleanno, nelle edicole fu venduto il primo numero del quotidiano firmato da Montanelli. Il «Corriere» ovviamente si impoverì poiché mancavano all'appello una cinquantina di redattori di alto livello, allora si trovò nella condizione di dover cercare dei sostituti, se non all'altezza dei fuoriusciti, almeno che fossero i migliori sulla piazza. Tra il novero di quelli selezionati c'ero anch'io che lavoravo alla «Notte», diretta da Nino Nutrizio, il quale mi aveva assunto qualche anno prima rendendosi così artefice del mio trasferimento da Bergamo alla convulsa metropoli milanese. Fui avvicinato dal direttore del «Corriere d'Informazione», che era l'edizione pomeridiana del «Corriere», Gino Palumbo, il quale mi propose di trasmigrare da piazza Cavour, sede della «Notte», a via Solferino. Va da sé che il passaggio era per me un avanzamento che mi faceva gola. Del resto il «Corriere» era il tempio del giornalismo, scriverci il desiderio ardente di tutti noi cronisti. Raddoppiai il mio stipendio in un nanosecondo, raggiungendo il milione di lire al mese, che per un padre di quattro creature come me era una manna dal Cielo. La nota dolente fu che dovetti affrontare Nutrizio, per comunicargli che avrei abbandonato «La Notte». Ero molto imbarazzato, addirittura intimidito, però l'austero direttore non ebbe pietà da stronzo certificato quale era. Fui ricoperto di insulti, equiparato a una sorta di meschino traditore. Mi rifugiai in uno stanzino come un cane bastonato.

Il primo giorno al «Corriere» fu come il primo giorno di scuola. Immensa era l'emozione. Dopo avere rotto il ghiaccio, incrociai Angelo ancora centinaia di volte, sempre intorno alla stessa ora e sempre sulle stesse scale. O anche lungo il corridoio. E ogni volta mi fermava per le consuete domande. Era piacevole conversarci. Instaurammo un rapporto amichevole seppure distaccato, come conviene tra giornalista e padrone della baracca. Ci davamo del lei. Un dì, sapendo che Nutrizio era intimo amico della famiglia Rizzoli, domandai ad Angelo se il mio ex direttore fosse ancora arrabbiato con me per avere lasciato «La Notte». Sul volto angelicato di Rizzoli comparve un'espressione di stupore. Dopo qualche secondo di silenzio mi spiegò: «Impossibile, mi creda, che Nino ce l'abbia a morte con lei. Non lo pensi affatto. Fu proprio lui a segnalarmi il suo nome quando gli feci presente che il "Corriere" aveva bisogno di rinforzi di alto livello. "Ho un cronista un po' strambo ma indubbiamente in gamba che potrebbe fare al caso vostro, si chiama Vittorio Feltri", così, sì, proprio così ci disse una sera a cena. Certo, il suo nome già ci era noto...». Quel diavolo di Nutrizio!

Allorché morì Carlo Pesenti, editore della «Notte» nonché grande industriale bergamasco, mi recai al funerale per fare un servizio per il «Corriere», nel quale raccontai anche dell'abitudine bizzarra di quest'uomo di lasciare la luce accesa nel suo ufficio personale persino durante la notte, al fine di fare credere a coloro che si trovassero di passaggio davanti alla sede della Banca Provinciale Lombarda che fosse chiuso nel suo studio a sgobbare, mentre tutti gli altri – comuni mortali – perdevano tempo nella vana e superflua opera di riposare. Tra coloro che presero parte al funerale intravidi Nutrizio, il quale mi venne incontro festoso e non mi risparmiò entusiastici complimenti. Nutrizio non smetteva di lasciarmi di stucco. Non potei contenermi: «Scusate, ma voi mi trattaste male quando decisi di accettare la proposta del "Corriere", eppure Angelo Rizzoli mi ha rivelato che foste proprio voi a segnalarmi».

Simulando maldestramente meraviglia nei confronti di se stesso, Nino osservò: «Be', non ricordo, probabilmente sì, se lo dice Angelo, può essere... Forse quella sera avevo bevuto un bicchierino di troppo e non capivo più nulla». Insomma, non avrebbe ammesso neanche sotto tortura. Ma rideva. Il direttore non voleva che si sapesse in giro che aveva impoverito il suo giornale segnalando un giornalista alla concorrenza.

Poi vennero anni difficili e di stravolgimento per il «Corriere». Arrestarono Angelo e Bruno Tassan Din, amministratore delegato. Il «Corriere» venne espropriato e sottoposto all'amministrazione controllata. Al direttore Franco Di Bella subentrò Alberto Cavallari, che non digerivo, proprio come lui non digeriva me. Le antipatie sono sempre reciproche. Piuttosto che restare lì, sottoposto a un superiore che mi stava sulle balle, accettai di traslocare da via Solferino per mettermi alla guida di «Bergamo Oggi», esperienza che durò un annetto, prima di fare marcia indietro non appena al vertice del sommo quotidiano ci fu un cambio di guardia.

Fu mentre stavo a Bergamo che venni a sapere che Enzo Tortora si trovava recluso nel carcere orobico. Andai a fargli visita. Mi ero appena congedato da Enzo, quando, percorrendo il lungo corridoio grigio dell'istituto di pena, vidi in lontananza una sagoma che procedeva in senso di marcia opposto al mio. Che strano: quell'uomo camminava proprio come Angelo, con la stessa inconfondibile andatura! Pensai ad Angelo e mi si strinse il cuore. Pure lui, come Tortora, aveva respirato quell'aria asfittica, sopportato il rumore pesante delle sbarre che si chiudono alle spalle nonché la solitudine crudele della cella. Io, per fortuna, stavo per uscire da quell'orribile luogo. Mentre nella mia mente frullavano questi pensieri alla velocità della luce, la sagoma si era fatta più vicina. No, nessun dubbio. Era Angelo Rizzoli. Sì, era proprio lui, davanti a me, non più nel corridoio del «Corriere», ma nel raggio della prigione. Un senso di soffocamento faceva a pugni dentro di me con la gioia di rivedere il mio amico, che era diventato amico più che mai in quel preciso momento. Ci guardammo a distanza e ci sorridemmo di un sorriso dolce e anche amaro. Siccome nessuna parola sarebbe stata adeguata, scegliemmo di restare muti e ci abbracciammo di un abbraccio che mi sembrò durare all'infinito e che dava a entrambi la possibilità di nascondere la commozione che ci aveva invaso tracimando dagli occhi. Fu un incontro forte. Tragico e lieto allo stesso tempo. Recuperati un po' di forza e di ossigeno, ci spendemmo in parole che non ebbero però maggiore significato del nostro già eloquente silenzio. Del resto, cosa diavolo si può dire a una persona in gattabuia? E cosa può dire quest'ultima a sua volta? È difficoltoso il dialogo. Ricordo che sospirai: «Si deve chiarire questo grande equivoco, nient'altro che un equivoco. Le conseguenze certo sono state drammatiche perché lei resta qui e io esco». Angelo mi chiedeva ancora, come i vecchi tempi: «Come sta? E come si trova adesso alla direzione di "Bergamo Oggi"?». Il drammatico incontro durò quattro o cinque minuti.

Dopo qualche mese Angelo fu scarcerato, il «Corriere della Sera» svenduto, anzi regalato ai nuovi proprietari. Rizzoli resuscitò dalle sue ceneri, certo, ricominciò a fare il produttore televisivo e cinematografico, ma era stato amputato del suo giornale. Ci perdemmo di vista, presi tutti e due dalle nostre esistenze frenetiche, dagli alti e bassi della vita. Passarono un po' di anni e poi ci ritrovammo. Io ero diventato direttore del «Giornale», ero già al mio secondo mandato in via Negri, diciamo così.

Io e Angelo, in compagnia di sua moglie, Melania Rizzoli, brillante medico e in quel periodo parlamentare, e di altri amici, cenavamo spesso insieme a Roma e pure a Milano, al Baretto di via Senato, sebbene Angelo non tornasse volentieri nel capoluogo lombardo, la sua città, poiché si sentiva tradito e aveva per questo scelto di blindarsi da esule ferito a Roma.

Nel corso di una di queste occasioni conviviali iniziammo a darci del tu. Angelo era molto colto e nel corso dei lustri aveva affinato le sue doti intellettuali, tanto da riuscire addirittura a vedere più avanti degli altri, persino di me che mi sono sempre considerato un passo o due più in là rispetto ai miei contemporanei. Forse perché aveva studiato negli Stati Uniti e aveva viaggiato e osservato il mondo da diverse prospettive, Angelo aveva capito che la stampa era in declino. E una sera me lo disse, eppure io non lo presi sul serio. Dopotutto, guidavo un impero: «il Giornale». E non ero disposto a credergli, o gli credevo fino a un certo punto. Ma Angelo insisteva: la carta stampata sarebbe stata soppiantata dal web. E sarebbe stata la morte del cigno. In quel periodo frequentavo pure la sua splendida casa romana, dove i Rizzoli organizzavano spesso dei banchetti invitando anche Silvio Berlusconi, il quale con Angelo aveva un rapporto affettuoso. A tenere banco era il Cavaliere, che si cimentava nelle sue barzellette, senza risparmiarsi né risparmiare i presenti. Angelo lo ascoltava paziente e quasi rassegnato. Una volta ne ebbi abbastanza. Stufo del giullare che voleva calamitare l'attenzione di tutto quanto il parterre, mi alzai e dopo essermi appropinquato ai padroni di casa e avere sussurrato ad Angelo: «Scusami, ma io questo qui non lo reggo più!» mi congedai. Angelo, da bravo pacifista quale era, mi sorrise.

Una mattina, il giorno di San Valentino Rizzoli venne arrestato di nuovo, mentre era ancora nel suo letto. Gli diedero qualche minuto per lavarsi, piantonato dagli agenti, mettere qualche indumento in un borsone e salutare Melania. Fu una doccia fredda, ero costernato. Non ebbi modo di incontrarlo mai più. Sarei andato volentieri a trovarlo in carcere, in ospedale, dove fu trasferito per gravi problemi di salute, e poi anche nel suo appartamento, dove fu posto agli arresti domiciliari. Ma non aveva il permesso di accogliere anima viva. Lo rividi poi. Nella bara.

Non appena seppi che si era spento, presi la macchina e raggiunsi la capitale di corsa. Quasi mi aspettassi di trovarlo ancora vivo al mio arrivo, di poterlo ancora abbracciare e dire le cose che magari avrei voluto dirgli, restando poi senza parole, o magari mi aspettavo di avvistarlo mentre mi veniva incontro con il suo incedere particolare, chiedendo: «Come stai?». E invece no. Non c'è mai il tempo.

Angelo è stato ucciso. Senza colpa. Era malato e provato nel corpo e nello spirito, perché lui era un intellettuale distaccato dalle cose degli uomini. Lo hanno ammazzato. E non aveva fatto nulla. Per tutto questo la morte di Rizzoli grida vendetta al cospetto di Dio.

Mi rimisi in auto sulla via del ritorno. Procedevo a tutto gas. Al ritmo dei pensieri. Dei ricordi. Della vita. A un certo punto, incrociai il carro funebre di Angelo. Lo conducevano nella sua città natale, per seppellirlo.

Come la prima volta, rallentai il passo, perché il mio impeto strideva troppo con la placida lentezza di Rizzoli.

IV

Alberto Cavallari

Dopo un breve e tribolato periodo di discussioni su chi dovesse succedere a Franco Di Bella, fu inaspettatamente nominato direttore del «Corriere della Sera» Alberto Cavallari, che godeva della stima e dell'appoggio di autorità extraeditoriali, che intercedettero per lui, come l'allora presidente della Repubblica Sandro Pertini nonché un importante magistrato, il quale fece da garante al giornalista. Quest'ultimo, quando si insediò, era apprezzato da colleghi e lettori poiché in qualità di corrispondente del «Corriere» da Parigi vergava pezzi piuttosto ben fatti.

Non si può certo dire che egli non sapesse padroneggiare la penna. Nel passato remoto aveva diretto «Il Gazzettino di Venezia», riuscendo a farsi detestare in breve tempo. Venne licenziato perché era imperioso, non meditava, non era accorto agli equilibri dentro la redazione e fuori. Un giorno arrivò in ufficio a nuoto. Non aveva trovato il traghetto, né il motoscafo, né una misera gondola, niente di niente, così non ci aveva pensato su due volte. Si era denudato e subito gettato nelle acque della laguna. Si presentò a torso nudo ai colleghi, che lo guardavano basiti. Anzi, sarebbe più appropriato dire che, bagnato fradicio, fece irruzione in redazione incazzato nero, un pazzo totale. Il suo caratteraccio piano piano gli costò l'allontanamento.

Tuttavia, per le sue abilità professionali, Alberto non era tipo da restare senza occupazione. Fu a lungo capo della direzione romana dell'«Europeo», in seguito passò alla «Stampa» come editorialista e infine venne assunto dal «Corriere» in qualità di corrispondente da Parigi. Promosso direttore, si mise in testa di realizzare una specie di rivoluzione anche grafica del quotidiano di via Solferino. Le sue teorie non erano sbagliate, ma trasportarle alla pratica era molto arduo. Il giornale stava attraversando un periodo buio, era reduce dallo scandalo della P2, cominciavano a non esserci più soldi.

Alberto dovette confrontarsi con numerose problematiche. Aveva un temperamento particolare, per me era insopportabile. Divise la redazione in filocavallariani e anticavallariani, non a caso io ero alla guida di quest'ultima schiera, quella dei reazionari che non si rassegnavano a una decisione presa all'esterno e imposta. Allora ero un semplice giornalista, ma organizzai una specie di rivolta contro il direttore che culminò non con il colpo di Stato bensì con una più democratica votazione. Avevo fatto bene i miei calcoli e l'avrei spuntata. Tuttavia, alla fine risultai sconfitto per 10 voti. La mia collega nonché amica Fiorella Minervino, capo della redazione del «Corriere Illustrato», appendice del «Corriere», mi aveva fottuto invitando i suoi redattori a esprimersi in favore di Cavallari. Vatti a fidare delle donne!

Bene, adesso sarei stato ostaggio del nuovo despota, il quale mi odiava. E lo potevo pure capire. Cavallari manifestava a volte nei miei riguardi un atteggiamento doppio, sembrava quasi che fosse sinceramente attratto dalla mia scrittura e dal mio spirito, eppure questo non gli impedì un bel giorno di concludere che la soluzione migliore sarebbe stata quella di licenziarmi in tronco. Venne annunciata un'altra votazione: non più Cavallari dentro o fuori, ma Feltri. Non nego che il pensiero di poter perdere il lavoro mi annientava. Ero terrorizzato. Infine, la spuntai per un voto. Così il direttore rompipalle dovette sopportarmi, come io sopportavo lui, del resto. Dopo aver vinto, scelsi di dargliela vinta. E lasciai per mia volontà il «Corriere», che tanto amavo, al fine di mettermi al timone di «Bergamo Oggi».

Quell'inquieto periodo lo ricordo oggi con dolcezza. Durante la gestione di Cavallari io decidevo sulla prima pagina e pure sulla seconda, insomma su quelle più importanti. Lui mi detestava, nonostante ciò mi affidava anche qualche lavoro esterno, come la stesura di un pezzo sulla festa dell'Unità che si faceva a Tirrenia.

Una sera ero di turno e toccava a me fare la ribattuta, modificai un titolo che Cavallari aveva approvato, dato che erano intervenuti fatti freschi che lo rendevano errato. Insomma, mi limitai a adattare la titolazione alla realtà sopravvenuta. Terminata la sua cena, Alberto rientrò in ufficio. Il giornale era ormai andato in stampa. Non appena si rese conto della modifica da me apportata, diventò giallo, poi verde, poi blu, incandescente. Impugnando, anzi stritolando la pagina, prese a inseguirmi per i corridoi, lo stanzone albertiniano, le scale. Credevo che mi avrebbe ucciso, eppure non potevo fare a meno di sbellicarmi dalle risate. Era una situazione del tutto paradossale. Cosa diavolo voleva? Avevo ragione io: se cambia la notizia, bisogna cambiare il titolo. Punto. Avevo fatto il mio dovere. Mica uno sgarbo a lui.

Un dì, nel tardo pomeriggio, lo intravidi sulla via, mentre si accingeva a fare ritorno nel suo studio. Era un po' barcollante, ciondolava, così, per gioco, stravolsi la gerenza del giornale, mettendo come direttore responsabile, anziché il nome Alberto Cavallari, il nome di una marca di whisky, Johnnie Walker. Sommerso poi dal lavoro, mi dimenticai di questo mio gesto sconsiderato. In chiusura ricevetti una telefonata da parte del proto, il capo della tipografia: «Ehi, Feltri, guarda che qui hai messo Johnnie Walker al posto di Cavallari!». Feci bloccare la pagina e mi precipitai con il cuore in gola in tipografia. Mi salvai in calcio d'angolo. Se quell'uomo non fosse stato tanto attento, sarebbe scoppiato un casino nazionale.

Un attivista dell'anticomunismo qual ero io aveva vita difficile in quella redazione. Forse Cavallari non era un comunista convinto, ma aveva l'appoggio dei comunisti e doveva adattarsi alla situazione. Meditai a lungo prima di andare a parlare con Carlo Scognamiglio, amministratore del «Corriere», che era stato posto sotto amministrazione controllata, e in seguito presidente del Senato, al fine di comunicargli la mia intenzione di lasciare il foglio di via Solferino per dirigere «Bergamo Oggi». Egli mi rassicurò dicendomi che, qualora per qualsiasi motivo non mi fossi trovato bene, sarei potuto tornare indietro con la sicurezza che sarei stato riassunto dal «Corriere». Questa possibilità mi tranquillizzava.

Dopo un anno, infatti, la nostalgia del quotidiano di via Solferino si era impossessata di me e rincasai, felice del fatto che Cavallari si fosse levato di torno e che al suo posto ci fosse Piero Ostellino. Rividi Alberto che ero già direttore del «Giornale». Mi invitarono a una trasmissione della Rai per parlare del suo ultimo libro. Accolsi l'invito. Dopo tanti lustri era necessaria una tregua. Il tempo attenua i sentimenti negativi, o forse accade che maturando comprendiamo quanto poco serva odiarsi.

Giunto nella sala d'aspetto, mi accomodai in attesa che cominciasse la trasmissione. Ed eccolo sopraggiungere. Alberto mi guarda di traverso, ma non mi saluta. Sono io a salutarlo. Con un sorriso, mentre lui mi osserva con un'espressione dubbiosa, come se avesse un grosso punto interrogativo sopra la testa. «Ora fai pure finta di non conoscermi?» gli chiedo. «Chi cazzo sei? Non ricordo» mi risponde.

Insomma, voleva farmi bere di ignorare la mia esistenza. Sapevo bene di essere stato per lui indimenticabile, come non si scordano i peggiori incubi. Allorché si trattò di esprimersi sul libro, parlai bene di Cavallari. Di Cavallari in qualità di scrittore e giornalista abile e raffinato, non in qualità di direttore. Conclusasi la trasmissione, venne a porgermi la mano. E scoppiammo a ridere. In quel periodo era editorialista della «Repubblica», mentre io direttore del foglio fondato da Montanelli, che andava alla grande. Ho l'impressione che fosse stordito dal mio successo. Non se lo aspettava. Neanche lui, come me.

Morì ancora giovane, a 60 anni. Scrissi un articolo sul «Giornale» in sua memoria. Tutti i suoi adepti mi attaccarono ferocemente, forse non sopportavano che io lo nominassi. Eppure dissi soltanto la verità: era stato un eccellente editorialista, come direttore, invece, non era stato il massimo.

Alla sera, quando il giornale stava per chiudere, invitava nel suo ufficio amici e cortigiani e lì mangiavano e bevevano, c'era un'atmosfera un po' da osteria. I non amici non erano ammessi, quindi si scatenavano un po' di gelosie.

Un mattino ci beccammo davanti alla macchinetta del caffè posta nel corridoio. Ci scambiammo qualche battuta. A un certo punto mi disse furente: «Ma io ti licenzio!». E io, per non essere da meno, replicai: «E io ti butto dalle scale», la prima cosa che mi suggerirono i miei occhi. Quanto rido adesso! Era un modo addirittura bambinesco di comportarsi. Eppure allora mi appariva tutto così serio. Ho sbagliato con Cavallari. Avrei dovuto trangugiare amaro e sopportare poiché il direttore va rispettato non per il nome bensì per il ruolo che ricopre. Non lo feci e oggi mi pento. Sebbene non condividessi nulla di ciò che faceva, avrei dovuto accettarlo. Lo ammetto ora dopo tanti anni. L'ho combattuto, ma lo stimavo tantissimo per come scriveva.

Una sera la redazione organizzò una cena al ristorante Al Matarel di via Palermo, c'era anche il direttore. Andai via prima di tutti e pagai il conto per tutti. Per stronzaggine. Anche di questo non vado orgoglioso. Sono stato sgarbato, ma avevo un tale livore verso quest'uomo. Forse non gli perdonavo di essere venuto dopo Di Bella, inoltre questo suo filocomunismo mi irritava.

Una volta avvenne un fatto di sangue a Varese, il pezzo lo scrisse Andrea Biglia, il quale era mio amico carissimo e lavorava al «Corriere Lombardia». Biglia mi consegnò l'articolo e mi accorsi che l'attacco era un po' debole, troppo debole per la prima pagina. Decisi allora di stendere un lead, un riassuntino di venti righe della vicenda da mettere in prima. E lo vergai a regola d'arte. Il mattino seguente, durante la riunione, Cavallari pieno di entusiasmo si complimentò con Biglia per il lead. Andrea, che era onesto, specificò che lo avevo scritto io, allora Cavallari stizzito esclamò: «Parliamo d'altro...». Ero ormai rassegnato.

In certi casi Cavallari era persino capace di crudeltà, come quando mi affidò la stesura di un articolo di fondo. Ne restai compiaciuto. Era forse iniziata la distensione? Mi misi subito all'opera. Avevo quasi terminato il mio compito quando mi disse: «No, guarda, ci ho ripensato. Lascia perdere». Questi atteggiamenti mi offendevano. Durante l'estate chiuse il «Corriere d'Informazione», dalla cui redazione attingemmo per le sostituzioni estive Grassi, al quale volevo bene e che era quasi frastornato di trovarsi nella redazione politica del «Corriere della Sera». Gli davo una mano, facevo in sua vece i titoli delle sue pagine. Così accadde che Cavallari notò la straordinaria capacità di Grassi di titolare e chiese, per essere certo che fosse lui l'autore: «Chi ha fatto queste titolazioni?». «Grassi» risposi io prontamente, dato che auspicavo che il mio amico venisse assunto. Come accadde. Grassi non lo dimenticò mai.

Andò così. È la pura verità.

Forse io e Alberto eravamo un po' simili.

V

Giovani in redazione

Quella a «Bergamo Oggi» non fu la mia prima esperienza da direttore, perché avevo già avviato una rete televisiva, che poi divenne Rete4. Tuttavia si trattava della mia primigenia direzione nell'ambito della carta stampata.

Giunsi al foglio orobico senza particolare interesse e senza grandi aspettative dopo avere lasciato il «Corriere» al fine di sfuggire alle ire di Alberto Cavallari nonché alle mie, poiché – sbagliando – ero recalcitrante ad accettare i suoi modi, i suoi piccoli dispetti, le sue impuntature. Ne ero diventato allergico. Allorché varcai la soglia della redazione bergamasca, sita in via Palazzolo, all'interno di un edificio esteticamente discreto, piombai in una situazione esilarante, da un lato, e deprimente, dall'altro. L'ufficio trasmetteva un desolante senso di squallore, soprattutto a chi, come me, era abituato alla magnificenza della storica sede di via Solferino. Le scrivanie erano brutte – anzi che dico? –, orribili. Persino le pareti, oltre a tutto ciò che era contenuto in quello spazio fisico, apparivano decadenti e malinconiche. All'interno di codesta cornice erano inseriti tre o quattro redattori ammutoliti, avrei voluto pizzicarli per capire se fossero vivi. Va da sé che dovetti potenziare l'organico, assumendo qualche rinforzo.

Cominciai a prendere in mano questo benedetto giornale, che era mezzo morto. Vendeva 1800 copie, praticamente niente. L'idea più opportuna mi parve quella di adottare e applicare i medesimi criteri con cui facevo le prime pagine del «Corriere». Infatti, con quel metodo titolistico e quella impostazione le cose iniziarono ben presto a migliorare. Tanto che un bel dì mi accorsi che mi mancavano degli uomini, allora scesi al bar situato proprio sotto la redazione, una specie di osteria, frequentata soprattutto di sera da prostitute e fancazzisti, e mi adoperai per selezionare i miei futuri giornalisti.

Seduto, anzi accasciato, a un tavolino intravidi un giovane, vestito in modo raccapricciante. Indossava una salopette rossa e trangugiava qualcosa osservando il pavimento. Tentai un approccio disinvolto e ci feci quattro chiacchiere per inquadrare il tipo. Il giovanotto mi disse che studiava Lettere all'università e si dava anche un bel da fare nel negozietto del padre, il quale aveva una sorta di bottega di generi alimentari a Torre Boldone, in provincia di Bergamo. Pensai che sarebbe stato un pregiudizio credere che uno capace di affettare il prosciutto non potesse essere capace anche di comporre una pagina di giornale. Intravidi qualcosa in lui che avrebbe potuto interessarmi. «Non ti andrebbe di fare il praticante in un quotidiano?» gli domandai. «Certo che sì, eccome se mi andrebbe!» rispose. «Allora da questo momento hai un lavoro. Vieni con me. E da domani scordati la salopette.» Dopo due o tre mesi il tizio del bar divenne capocronista. Fece una carriera lampo poiché aveva un talento notevole pure nel fare i titoli. Si chiamava Enrico Artifoni, una delle colonne di quel quotidiano.

Nella stessa redazione c'era un ragazzo di circa 24-25 anni, il quale si occupava di economia. Era un personaggio particolare, che mi incuriosiva. Indossava degli occhiali da miope con lenti spesse come fondi di bottiglia, tanto da sembrare cieco, ed era vestito in modo alquanto bizzarro. Mi colpiva quella mancanza di gusto. Portava calzini corti, color grigio topo, un maglioncino smanicato, il farsetto, di tonalità grigio orfanotrofio, ed era perennemente chino sulle sue carte. Gli parlavo e non mi sembrava tonto. Niente affatto. Quel ragazzo si chiamava Maurizio Belpietro. Lo promossi caporedattore, dato che sapeva fare un po' di tutto.

Una sera osservai più a lungo il nostro Belpietro. Giunto l'orario di chiusura, raccolse le sue quattro cose e quatto quatto uscì dalla redazione. Allora mi precipitai alla finestra, per capire dove diavolo andasse. Ed eccolo lì. Lo vidi salire su un'automobile, dentro la quale affondava i suoi mostruosi mocassini con i lacci. Persino la sua macchina era bruttarella, una 126 azzurra, anzi celestina. Nonostante il discutibile gusto e le sembianze da sfigato, Maurizio si rivelò un ottimo giornalista, sapeva fare l'officina del giornale e sapeva anche scrivere.

Ne imbarcai altri in seguito, tra questi pure Cristiano Gatti, il quale poi divenne inviato del «Giorno» e pure del «Giornale», dove lo assunsi io stesso. Eccellente cronista, a Gatti affidai le cronache dal Palazzo di Giustizia bergamasco, dove succedevano le solite cose importanti seguite dalla stampa nazionale, eppure a me interessava la narrazione delle piccole cose, litigi tra condomini, o tra marito e moglie, e roba simile. Cristiano raccontava bene questi fatterelli, che incuriosivano. A furia di spenderci in queste attività stravaganti, a cui gli altri fogli non si dedicavano, il quotidiano cominciò a crescere.

Il picco di vendite si raggiunse allorché conobbi Antonio Di Pietro, novello magistrato allora inviso ai colleghi del tribunale di Bergamo perché considerato un buzzurro. Di Pietro non piaceva a nessuno, tranne che a me, che apprezzavo la sua aria rustica e i suoi modi diretti. Diventammo amici per affinità. Il magistrato mi forniva numerose notizie di prima mano dalla procura.

Un giorno Di Pietro si mise a indagare in quel di Leffe, paesino della Val Seriana, su una faccenda oscura e inquietante, ossia la sparizione di tre donne: nonna, mamma e bimba. Il padre della piccola, nonché marito della scomparsa, si era trasferito in Germania con la famigliola al seguito per lavorare e da lì, in effetti, giungevano ai parenti orobici cartoline firmate dalle tre emigrate. Le chiacchiere si diffusero in paese e il giovane Antonio Di Pietro volle fare luce su una vicenda che destava non pochi sospetti. Fu così che nel febbraio 1984 furono rinvenuti i cadaveri. Quello della suocera era stato sepolto nel bosco, sul monte Croce, nel 1978. Il genero, Giovanni Bergamaschi, timido impiegato di banca, colto e di buona famiglia, l'aveva massacrata nel sonno con una chiave inglese. Qualche anno dopo questo delitto, Bergamaschi aveva ammazzato pure moglie e figlia di 4 anni. Fu Di Pietro a scovare i loro resti nel seminterrato della villetta dell'assassino, il quale dopo averle macellate le aveva chiuse con lo spago in sacchi di plastica e murate nel sottoscala. E poi aveva cambiato vita, trasferendosi all'estero.

Di Pietro fornì i dettagli di questo caso di cronaca soltanto a me, non al mio concorrente, «L'Eco di Bergamo». Un mio giornalista, ancora inesperto, Pietro Baracchetti, mi scrisse 15 righe. Mi incazzai, presi la macchina da scrivere e gliela tirai addosso. Allora vergai io stesso il pezzo, contenuto in 15 cartelle, ossia 3 pagine piene di giornale. L'indomani uscì il pezzacchione in prima con un titolo d'effetto, e «L'Eco» non aveva la notizia. Nei giorni seguenti continuai ad approfondire i fatti. «L'Eco» mi stava dietro, anzi mi rincorreva, a fatica. Di Pietro intanto si era messo sulle tracce del mostro. Era stato avvistato a Bergamo, in un bar, sebbene dovesse essere in Germania. Capendo di essere braccato, Bergamaschi fuggì, ma ormai tutte le forze di polizia della nazione lo cercavano. Fu arrestato a Roma, presso la stazione Termini, intorno alle ore 21, circa due settimane dopo il rinvenimento dei cadaveri delle vittime.

Il mio amico Gian Antonio Stella mi telefonò per dirmi che il mostro era stato catturato. Lo implorai di farmi un articolo, ma doveva scriverlo per il «Corriere». Non mi arresi e la spuntai. Mi mandò 30-40 righe. Il giorno dopo «L'Eco» non ne aveva neanche una. Andammo in Val Seriana con carri di giornali e li vendemmo tutti.

«Bergamo Oggi» diventò un quotidiano importante e a fine anno, nel giro di pochi mesi, toccò il tetto di vendite di ben 9000 copie. Mi chiamò monsignor Andrea Spada, che era stato il mio direttore all'«Eco di Bergamo» diversi anni prima, e non per farmi gli auguri di Natale. «Feltri, quando te ne vai fuori dalle balle? Tornatene al "Corriere"!» mi urlò dall'altro capo del telefono.

Invece andai avanti ancora per qualche mese. In quel periodo Lara Magoni, sciatrice bergamasca, vinse le Olimpiadi e io cavalcai con spirito campanilistico la vittoria. Fu un altro boom di vendite. Pensavo: «"L'Eco di Bergamo" me lo magno». Io raccontavo con enfasi, con passione; «L'Eco», giornale della curia, invece era ingessato. Poi ci furono le inchieste su ruberie varie, tutto materiale che mi passava Di Pietro. E feci il botto.

Lo ricordo come un periodo felice. Quando lasciai il quotidiano orobico per tornare al «Corriere», i contatti con Belpietro non si interruppero, perché quel ragazzo mi era simpatico. Maurizio fu preso da «Gente Money» in qualità di inviato. Le nostre strade si incrociarono di nuovo allorché mi fu affidata la direzione dell'«Europeo». Lo chiamai e lo promossi caporedattore, lo volevo nella mia squadra. Era contento di essere venuto con me, andavamo molto d'accordo, tanto che nel momento in cui passai alla guida dell'«Indipendente» Maurizio volle seguirmi, nonostante gli sconsigliassi questa scelta. Infatti, io avevo un contratto che era una sorta di paracadute, per cui qualora il giornale fosse fallito, io avrei incassato una miliardata di lire; Maurizio un fico secco. «Guarda che "L'Indipendente" è una merda, potrebbe chiudere. Non ti conviene seguirmi. Io ho una fideiussione, tu no» gli dissi. Ma lui se ne infischiò. Cominciammo a fare questo giornale, che io volevo uccidere per riscuotere il mio gruzzoletto. E come si fa ad ammazzare un giornale? Tanto per iniziare occorre prenderlo a calci, con titoli del cappero, iniziative fuori dal mondo. Ricordo qualcuno di quei titoli: *De Mita lascia la bicamerale, ma gli rimane l'attico*, o *Sgominata un'altra giunta*.

Promossi Belpietro caporedattore centrale. Alla sera, quando titolavamo, lui era seduto alla scrivania, davanti al computer, e io lo istigavo. Maurizio ci stava, al gioco di massacrare il giornale, e si divertiva tantissimo. Però le cose non andarono secondo i nostri piani. Nonostante gli sforzi, il foglio, invece di spegnersi, recuperava, crescendo in modo esponenziale. Così «L'Indipendente» passò da 17.000 a 60.000 copie nel giro di qualche mese. Mi appassionai, accantonando il mio proposito di macellarlo ma non lo stile che gli avevo conferito. E subito giungemmo a 120.000 copie, soprattutto cavalcando la vicenda «Mani pulite», sempre con l'aiuto del mio amico Tonino Di Pietro, il quale mi rilasciò interviste e mi procurò informazioni.

La mia permanenza a «Bergamo Oggi» durò un anno e tre mesi. Faticai tanto. Ricordo che ogni dì, verso le 18.30, sette o otto giornalisti venivano in fila nella mia stanza recando tutti gli articoli e io facevo i titoli, circa 30-40 al giorno.

Ci stavo bene, a Bergamo. Avevo risollevato il giornale e l'animo dei redattori. Ma il «Corriere» mi mancava. A un certo punto Cavallari si tolse dai piedi. Avrebbe dovuto succedergli Gino Palumbo, che era stato mio direttore al «Corriere d'Informazione», ma quest'ultimo si ammalò di cancro e dovette passare il testimone. Nella disperazione fu scelto Piero Ostellino. Mio caro amico, giornalista eccellente, Piero era stato corrispondente dalla Russia e dalla Cina. Insediatosi nell'ufficio del direttore, vergò un articolo di saluto ai lettori. Presi quel pezzo, che era stato diffuso dall'Ansa, e lo pubblicai su «Bergamo Oggi». Ostellino mi chiamò per ringraziarmi e incautamente aggiunse: «Sappi che per te le porte del "Corriere" sono sempre aperte». L'indomani mattina mi presentai in via Solferino. «Mi hai detto che le porte sono aperte ed eccomi qui.» Mi assunse. A «Bergamo Oggi» fui sostituito da Paolo Arzano, che non aveva la mia malizia, così nel giro di qualche anno il giornale si spense.

Allorché annunciai il mio ritorno a Milano, la redazione che fino a quel giorno avevo guidato precipitò nella disperazione. E non solo, pure l'editore Achille Bortolotti fu preso dal panico; mi offrì un pacco di soldi, il triplo di quello che avrei preso al «Corriere», eppure declinai l'offerta. Bergamo mi stava stretta, soffrivo, sebbene fossi soddisfatto del mio lavoro e potessi contare su bravi giornalisti, incluso Isaia Iacobelli. Il capoluogo meneghino mi reclamava. E io non potevo esimermi dal rispondere a quell'irresistibile richiamo.

VI
Piero Ostellino

Piero Ostellino mi raccontò di essere stato assunto al «Corriere» – dopo avere conseguito la laurea in Scienze politiche a Torino e avere lavorato alla fondazione Agnelli per un certo periodo – da Giovanni Spadolini, già direttore giovanissimo (30 primavere) del «Resto del Carlino», il quale aveva molta ammirazione per studiosi e intellettuali, essendo stato lui stesso professore.

Per poco tempo Piero, che allora aveva circa 40 anni, lavorò al desk della politica internazionale, poi nel 1970, per motivi imperscrutabili, o semplicemente per la stima che Spadolini nutriva nei suoi confronti, fu nominato corrispondente da Mosca. Era una fase storica complicata, quella, a causa della divisione del mondo in due blocchi contrapposti. C'era un clima di guerra fredda e il ruolo di Piero non era facile. Nessuno si sarebbe aspettato che egli fosse in grado di raccontare la vita dei moscoviti, dei russi in generale, in modo tanto efficace. Ostellino non si limitava a adempiere al suo compito di corrispondente di tipo politico, bensì raccontava la vita assurda e grama della gente che abitava quel gigantesco Paese devastato dal comunismo.

Insomma, Piero dimostrò di essere un fuoriclasse. Riferiva delle questioni del Cremlino, e lo faceva con accuratezza, però il suo maggiore impegno era dedicato alle faccende di strada. Andava in giro e raccoglieva informazioni.

Osservava. Studiava. I suoi articoli squarciavano il velo sul misterioso e triste trantran dei cittadini dell'Unione Sovietica. Li leggevo avidamente, li gustavo quali prelibatezze, tali erano. In pratica, le corrispondenze ostelliniane erano quadri espressionisti che consentivano di assaporare sensazioni ed emozioni forti derivanti da descrizioni abbozzate eppure grondanti verità palpabili. Piero, se mi leggesse, forse si offenderebbe, tuttavia la mia opinione è che egli fosse soltanto un immenso cronista capace di cogliere, dall'osservazione di un volto, lo stato d'animo di un popolo infelice, ingabbiato in un sistema politico e sociale privo di pietà e di solidarietà.

Piero rimase a Mosca parecchi anni, diventando il migliore corrispondente dall'URSS che un giornale italiano potesse avere. A un certo punto la Cina di Mao divenne più interessante dell'Unione Sovietica, e il giornalista fu spedito laggiù, in una nazione che si apprestava a sposare il capitalismo pur conservando la dittatura rossa. Nella nuova sede di Pechino Ostellino si sforzò di essere all'altezza della propria fama. Fece un ottimo lavoro benché la Cina fosse addirittura più chiusa e incomprensibile della Russia. I gialli non parlavano inglese e colloquiare con loro era un'impresa. La corrispondenza proseguì alcuni anni svelando parecchi misteri pechinesi. I lettori del «Corriere della Sera» ebbero modo di scoprire un mondo impenetrabile e oscuro.

Piero rientrò in patria al principio degli anni Ottanta, quando il direttore del «Corriere», Franco Di Bella, venne giubilato per la grana della P2 e sostituito da Alberto Cavallari. Quest'ultimo non lo fece mai scrivere, forse perché ne detestava lo spirito liberale. Ostellino se ne disperava. Tra i due ci fu un contrasto notevole. La posizione di forza era quella di Cavallari, quindi Piero fu accantonato, emarginato, messo nel cantuccio, e attraversò un periodo di frustrazione. L'antipatia per Cavallari cementò l'amicizia tra me e Piero, tramavamo contro il direttore, solo che non era facile sbarazzarsene, dato che godeva della protezione dell'apparato comunista-progressista del Paese.

Per Ostellino era difficile riuscire a trovare una soluzione soddisfacente, magari in un altro foglio, quindi rimase al «Corriere» in attesa di sviluppi.

Tre anni dopo il suo infausto insediamento, Cavallari vide scadere il contratto e si dimise. Si trattava di scegliere un nuovo comandante della corazzata giornalistica. Fu nominato Gino Palumbo, un mostro di bravura, che aveva diretto benissimo il «Corriere d'Informazione» e «La Gazzetta dello Sport», da lui portata al record di vendite, oltre un milione di copie. Ma, come ho detto, Gino si ammalò di cancro e rifiutò il timone del primo quotidiano nazionale per cause di forza maggiore. Ricordo che lo appresi ascoltando la radio, mentre rientravo a Bergamo da Milano, dove collaboravo con Enzo Biagi. Per poco non andai fuori strada con la macchina. Le mie speranze di rincasare nell'edificio di via Solferino erano svanite in un lampo.

L'editore, sconvolto, fu costretto a cercare un sostituto: venne cooptato Ostellino. Ero uscito disgustato dal «Corriere» un anno e mezzo prima, nel 1983, per dirigere «Bergamo Oggi». Ma salutai con entusiasmo la salita sul podio di Piero. Del quale, per amicizia nei suoi confronti, presi il fondo di saluto ai lettori e lo pubblicai in terza pagina sul mio piccolo quotidiano di provincia. Il dì appresso il neodirettore mi telefonò allo scopo di ringraziarmi per l'omaggio che gli avevo reso, e nel congedarmi mi disse: «Sappi che per te le porte del "Corriere" sono sempre aperte». Me le spalancai da solo meno di ventiquatt'ore dopo presentandomi nell'ufficio di Ostellino. «Eccomi, sono già qui» sussurrai imbarazzato, ma non troppo. Egli sorrise e mi assunse immediatamente, era un uomo di parola.

Ostellino mi promosse caposervizio e poi caporedattore. Alla guida della pagina economica del «Corriere» era insediato Di Stefano, ma il neodirettore aveva intenzione di assumere al suo posto Ricardo Levi, il quale lavorava al «Sole-24 Ore», e non desistette. Lo piazzò proprio lì e questo sollevò un problema: dove collocare Di Stefano, che era stato costretto a sloggiare? Ostellino mi convocò nel suo ufficio e mi disse: «Vittorio, tu devi fare l'inviato perché il tuo posto di capo della politica lo devo dare a Di Stefano». Ero esterrefatto. Mi sembrava un defenestramento. Mi incazzai. Prima di questo cambiamento, poco gradito almeno da principio, scrivevo poco poiché mi dedicavo alla macchina del giornale, facevo i titoli, impaginavo i pezzi. Accettai di fare l'inviato, mio malgrado. Anzi, mi rassegnai a farlo. Del resto, Piero mi aveva imbarcato subito, avevo rimesso piede al «Corriere» che mi era mancato tanto, non potevo pretendere di più.

Alla fine, quella promozione fu la mia fortuna. Con Piero in plancia trascorsi un triennio esaltante, mi affidò servizi di rilievo, tra cui, memorabile, quello sul processo a Tortora. Ero innocentista, in piena solitudine, difesi il personaggio televisivo contro l'opinione generale della stampa. Piero mi lasciò fare, neanche una telefonata per indurmi alla prudenza. Gliene sarò riconoscente in eterno.

Ho sempre avuto la mania di presentare proposte, che di solito venivano accolte, forse perché rompevo le balle. Mi sentivo rispondere spesso: «Va', va', va', Feltri, fallo». Con Ostellino iniziai a sbizzarrirmi poiché mi concedeva ampio spazio e assecondava le mie idee strambe, sicuramente anticonvenzionali per un quotidiano come il «Corriere».

Mi tornano alla mente alcuni divertenti episodi di quel periodo.

Un giorno mi affidarono un pezzo sui tifosi del calcio. Pensai di fare una sorta di inchiesta a più voci, quindi mi inventai di sana pianta un colloquio con alcuni ultrà. L'articolo era costituito da un'approfondita analisi sociologica volta a fare luce sui motivi che inducono tanti poveracci a buttarsi nella fede calcistica al fine di ottenere qualche soddisfazione. Mi presi tutta la pagina. Il pezzo fu un successo e l'indomani mattina, mentre me ne stavo nel mio appartamento di Bergamo, sito in città alta, ricevetti la telefonata di Piero Ottone, che era stato il mio primo direttore al «Corriere». Si congratulò con me per la completezza e la squisitezza della mia opera. Fui sommerso dagli elogi. Non si era trattato di invenzione pura, era interpretazione. Io mi ero messo nei panni di quella gente.

Preparai servizi per Ostellino che nessuno dei miei colleghi avrebbe avuto il coraggio di fare. Un mattino sfogliando «Il Giorno» trovai uno spunto interessante. Un'agenzia offriva la possibilità di ottenere il diploma in ragioneria pagando. Mi inventai un'altra identità e seguii l'iter per diventare ragioniere aprendo il portafogli. Alla fine mi recai pure a Roma con mia moglie per partecipare alla cerimonia di consegna del titolo, una cosa piuttosto eclatante, con tanto di foto e applausi. Scrissi tutto in prima persona e quei truffatori finirono in gattabuia.

Un'altra volta, sempre sfogliando i quotidiani, mi imbattei in una pubblicità stramba, che chissà perché non aveva destato l'indignazione di nessuno, era passata sottotraccia. Stavolta un'agenzia, situata a Rho, Milano, garantiva di procurare agli avventori mogli dall'estero. Mi recai sul luogo del delitto. Mi presentai: ero un ingegnere rimasto vedovo troppo precocemente e avevo bisogno subito di una moglie, bella, colta e laureata. Il titolare mi ascoltò, prese appunti, poi poggiò sulla scrivania un grosso album pieno zeppo di fotografie di fanciulle corredate di dati anagrafici. Mi sembrava di essere dal sarto e di selezionare le stoffe. Ne scelsi una e condussi la trattativa. La consorte mi costò un milione tondo tondo, del resto doveva giungere a Milano, erano incluse le spese della trasferta. Il tizio mi garantì che, se non mi fossi sentito pienamente soddisfatto dell'acquisto, avrei potuto cambiare coniuge, restituendola entro un tot di giorni, proprio come si farebbe con un prodotto. In tal caso, egli me ne avrebbe assegnata una nuova di zecca. Narrai tutto sul «Corriere» ed esplose lo scandalo. Fui invitato anche al programma «Domenica In» per parlarne. L'opinione pubblica ne restò colpita.

Un'altra inchiesta interessante riguardava la catena di Sant'Antonio. Una sorta di organizzazione proponeva a coloro che erano alla ricerca di un lavoro di frequentare un corso pagando per imparare a vendere articoli di profumeria e bellezza, che la stessa ditta commercializzava. Coloro che avrebbero frequentato il corso avrebbero poi avuto il compito di procurare altri tre o quattro futuri venditori, che a loro volta avrebbero versato denaro per entrare nel ciclo, cioè nell'imbroglio. Pure in questo caso scoperchiai il vaso di Pandora e i furbetti furono arrestati.

Con Ostellino sono sempre andato d'accordo. Era mio complice, mi appoggiava e questo è fondamentale. Abbiamo suscitato un casino infernale. Mi piaceva descrivere quello che avevo vissuto, facevo la cronaca, l'inviato vero, le scoprivo io le notizie.

Una volta Piero mi mandò al congresso del Partito comunista a Firenze, dove c'erano già altri miei colleghi eccellenti, sempre del «Corriere», come Giuliano Ferrara. Io narravo ciò che non narravano gli altri, ossia quello che accadeva davvero dentro il congresso. Trovavo assurdo che non si potesse passare da un settore all'altro. Il Partito comunista allora era organizzato come una caserma e io indagai questi aspetti, questi schemi. Fui in grado di suscitare un tumulto pure lì. I comunisti mi odiavano e non mi volevano tra i piedi.

Nel 1986 Ostellino decise di spedire me a Città del Messico per fare la cronaca dei Mondiali di calcio, sempre a modo mio, ovvio. Non scrivevo di ciò che accadeva durante le partite, anche perché questo lo avrebbero fatto tutti, televisioni incluse. Il mio compito era quello di scovare gli aspetti coloriti, i retroscena. Del resto, non ero esperto di calcio, seguivo le partite per divertimento, senza coinvolgimento. Divenni amico di un giornalista sportivo del «Messaggero», Rossi, pranzavamo e cenavamo insieme. Egli, a differenza mia, andava in giro tutto il giorno a cercare le notizie, mentre io me ne stavo in panciolle. Poi, a cena, Rossi mi rendeva edotto su tutto ciò che succedeva fuori dal mio lussuoso albergo. Egli era un abile giornalista sportivo e non coglieva gli aspetti coloristici, che nessun giornale aveva. Li consegnavo ai lettori soltanto io, sul «Corriere».

C'era pure Vladimiro Caminiti, giornalista di «Tuttosport», anche da lui carpivo informazioni. A un certo punto si incazzarono tutti perché i rispettivi direttori li esortavano a fare come Feltri, a cacciare le notizie pepate e le curiosità. Un mattino Caminiti pretese di conoscere le mie fonti, ma non svelai mai che sia Rossi sia lui stesso erano i miei informatori di fiducia, e neanche se ne erano accorti.

Un giorno mi toccò seguire il match Brasile-Francia per fare la cronaca di questo incontro decisivo. Non mi sentivo in grado, non avendo conoscenze tecniche, tuttavia non mi persi d'animo. Ebbi un'illuminazione: decisi di compilare le pagelle dei calciatori e me le fece il campione Fabio Capello, vincitore di scudetti, che era lì con me. Furono le pagelle migliori della stampa italiana.

Ricordo che non facevo nulla tutto il giorno, me ne stavo in piscina, che era vuota dato che tutti gli altri giornalisti andavano a lavorare. Avevo in dotazione una macchina, una Ford potente che mi aveva procurato il «Corriere», e la prestavo agli altri in cambio di favori. Mentre essi si aggiravano per quelle strade sconosciute, io stavo in ammollo. Un bel mattino la mia routine fu sconvolta da una bellissima ragazza, una ballerina brasiliana. Nuotavo beato quando mi accorsi che una stupenda ragazza mi dedicava sensuali danze, mi faceva le moine, mi guardava. Mi voltai per capire se fossi proprio io il destinatario di quelle attenzioni: eravamo soli. E io, siccome la carne è debole, figuriamoci il pesce, mi intrattenni con la giovane donna. Lasciata la piscina, lei si diresse da un lato, io dall'altro. Chiamai l'ascensore, le porte si aprirono e come per magia me la ritrovai davanti. E la baciai. Un bacetto innocente, va da sé. Intanto l'ascensore saliva, molto velocemente, anzi troppo. Le porte si spalancarono un'altra volta ed entrò una signorina identica, ma proprio identica, a quella che avevo tra le braccia. Ebbi un momento di confusione. E poi subito uno schiaffone mi colpì il volto. Neanche il tempo di riprendermi che me ne arrivò un secondo, da parte di colei che avevo appena baciato. Insomma, erano due sorelle gemelle. Ma io cosa potevo saperne che la tizia che mi faceva conturbanti balletti aveva nello stesso hotel una gemella?

Nel frattempo avevo conosciuto una ragazza messicana, suo padre era avvocato, un tipo simpatico, un chiacchierone divertente. Al mio collega Giuliano Zincone, ottimo giornalista, presentai la sorella e ogni sera ci recavamo a cena a casa di queste nostre amiche. Era il babbo a invitarci. Io e Giuliano prendevamo appunti ascoltandolo e dopo ci spartivamo gli argomenti da riportare sul giornale.

Trascorsi quarantacinque lunghi giorni in Messico.

A un certo punto giunse il momento di congedarsi, di partire e tornare a casa. Allora vennero giù pianti, abbracci, baci, i messicani sono molto calorosi. Intanto io pensavo: «Finalmente rientro in Italia». Una di queste due sorelle mi comunicò che sarebbe presto venuta a Brescia da un'amica. Passarono sei o sette mesi e arrivò sul serio. Mi telefonò. Io ero disperato, ma non potevo non ricambiarla con la stessa ospitalità dimostratami dalla sua famiglia. Andai a prenderla in aeroporto, con mia moglie, la portammo a pranzo e poi l'accompagnammo fino a Brescia. Penso che restò delusa nel vedermi apparire con la mia consorte.

Con Piero rimase una solida amicizia anche dopo che lasciò il ruolo di direttore. Una volta sollevato dal suo incarico, rimase al «Corriere» quale editorialista. Lustri di lavoro ben fatto, anticonformistico, preciso e puntuto. Allorché fu obbligato ad abbandonare via Solferino (beghe economiche), egli perse mordente. Ingaggiato dal «Giornale», passò un periodo di serenità, ma non era più grintoso. Talvolta veniva nel mio ufficio e chiacchieravamo a lungo. Spiattellavamo le nostre memorie senza pudore, da cui emergeva la tipica nostalgia dei pensionati. Ci vedevamo spesso a cena e ogni volta tirava fuori la storia di Tortora, mi lodava, anche in modo esagerato.

Fu lui a lanciarmi, mi riprese al «Corriere», mi promosse inviato speciale. Mi voleva bene. Mi tolse dal letame e gliene sarò grato sempre.

VII

Mamma e babbo

Mia madre, Adele, è sempre stata una grande lavoratrice. Per lei il lavoro era al primo posto e il motivo che la indusse a diventare un'instancabile sgobbona è semplice oltre che pratico: essendo rimasta vedova a 36 anni con tre figli, di cui io ero il minore, dovette per forza di cose eleggere l'operosità al vertice dei propri interessi, altrimenti saremmo morti di fame. Ha svolto tanti mestieri e a un certo punto si è messa anche in proprio: vendeva la pasta Combattenti, che oggi non viene più prodotta, e il riso Gallo. Qualche anno fa ho conosciuto i proprietari del marchio Gallo e ho raccontato loro che mia madre negli anni Cinquanta commerciava la materia prima. Sono rimasto sorpreso e commosso allorché mi hanno informato che all'epoca a Bergamo si registravano elevati consumi della loro merce. La mamma, purtroppo, esagerava nella quantità di impegno e tempo profusi nella fatica. Noi tre fanciulli rimanevamo a casa ad attenderla per giornate intere, accuditi dalla zia Tina, sorella di mia madre, la quale si occupava delle faccende domestiche, dei pranzi, delle cene e ci faceva un po' da bambinaia, seguendoci pure dal punto di vista educativo. La zia non ebbe figli suoi e crebbe noi come se lo fossimo.

Ogni sera aspettavamo l'arrivo della mamma dall'ufficio e in me questo creava una sorta di attesa angosciosa. Non volevo semplicemente vederla, ne avevo un bisogno soffocante. Abitavamo in un palazzo che aveva una portineria munita di un campanellino, cosicché, quando qualcuno entrava nell'atrio, si udiva un acuto «tin» che risuonava rimbalzando tra le pareti degli edifici circostanti. E ogni volta che quel maledetto campanello suonava, io mi precipitavo alla finestra che spesso era appannata e rapidamente la pulivo, e guardavo giù per verificare se poi la mamma avrebbe attraversato il cortiletto che dava accesso alle scale. Spesso erano falsi allarmi. E la delusione era ogni volta più cocente. Quando era lei, mi catapultavo giù dalle scale a velocità supersonica per abbracciarla il prima possibile, avvinghiandomi a lei con tutto me stesso. Ella ci abbracciava tutti, ma prevalentemente ero io da solo ad accoglierla all'ingresso del portone. Nutrivo un amore folle verso mia madre.

Ricordo che una volta in tv qualcuno mi chiese se avessi sofferto per il fatto di essere rimasto orfano così piccolo e io, che amo sempre dare risposte provocatorie le quali non dicono la verità, risposi: «No, anzi... Ne restai molto contento, poiché invece di avere due genitori che mi rompevano le balle ne ho avuto uno soltanto». E in effetti, la mamma le balle le rompeva, eccome. Ci teneva molto all'igiene personale e delle quattro mura, all'istruzione, all'ordine. Coltivando il mito del lavoro, era rigorosa con se stessa e con gli altri. La sera ci metteva dentro la vasca e ci strigliava, e non c'era nulla da fare: non si sfuggiva. Giunta la domenica, andavamo a trovare i nonni paterni, i quali non abitavano distante da noi. Quelli materni erano già morti. Durante il tragitto scoppiavano liti furibonde tra noi figli dato che volevamo camminare tutti a braccetto di nostra madre. Avevamo stabilito dei turni. L'unico schiaffo che ho preso dalla mamma fu nel corso di una di quelle domeniche: pretendevo di non rispettare il turno e di stare sempre avvinghiato a lei e me la presi con mia sorella che non si spostava per lasciarmi il posto al fianco della mia regina.

Avevamo con mia madre molta confidenza, anche perché ella, nonostante i suoi rigori, era tollerante sul piano del comportamento, bastava che non commettessimo errori gravi. Possedeva una mentalità piuttosto aperta. Forse perché non le bastava la concessionaria di pasta e riso, la mamma acquistò un bar. Avrò avuto circa 12 anni allora e decisi che era giunto il momento di darle una mano, così, dopo la scuola, mi recavo al locale e facevo caffè e cappuccini. Insomma, lavoravo come barista. E siccome vendevamo pure il latte, che molte famiglie volevano consegnato a domicilio, a una certa ora del pomeriggio caricavo sulla mia bicicletta le bottiglie di vetro sigillate con grossi tappi di metallo e andavo nei condomini, raggiungendo fino all'ultimo piano senza ascensore, per recapitare l'acquisto. Non ho mai preso una lira di mancia poiché l'abitudine quotidiana rende tutto obbligatorio, pure la consegna del prodotto. Lavorare mi piaceva, mi faceva sentire più grande e utile. Va da sé che gli spazi per lo studio erano ridotti a poco.

Quando mio padre, Angelo, era in fase preagonica, manifestò il desiderio di vedere i suoi bambini prima di andarsene. Fui quindi introdotto nella stanza dove egli giaceva. Il babbo era messo parecchio male, mi appariva pallido, dimagrito, consumato. Intuivo che era sfinito, sebbene avessi solo 6 anni. Aveva stampata sul viso un'espressione sofferente che non riusciva a volgere in un sorriso nemmeno ora che io ero lì, al fine di rassicurarmi. Lo baciai. Mi osservava con gli occhi umidi. Eppure la cosa che più mi colpì e mi trafisse il cuore fu ciò che vidi uscendo da quella camera di ospedale, accompagnato dalla zia Armida, la sorella di papà. Sulla sinistra, in un angolo, poco prima dell'uscio, se ne stava una donna con il viso rivolto contro il muro, in piedi, le braccia conserte e sollevate, come se si rannicchiasse in quello spazio. Indossava un vestito verde e la sua schiena era scossa da singhiozzi che sembravano spaccarle in due il petto a un ritmo costante e muto. Era la mamma.

Mi avevano detto che il babbo era malato e tutte quelle cose che si raccontano a un bimbetto che sta per diventare orfano. Io speravo che papà guarisse e tornasse a casa. Il giorno seguente alla mia visita in ospedale corredata dall'estremo saluto a mio padre si verificò una scena orrenda. Mi trovavo a casa in compagnia di mia sorella Mariella e stavo giocando allorché sentimmo che il cancello del nostro palazzo veniva aperto per accogliere una delle rare automobili che circolavano all'epoca. Corremmo alla finestra, era la macchina di papà, quella che la Provincia gli aveva messo a disposizione dato che egli era un alto funzionario provinciale. Per noi voleva dire soltanto una cosa: finalmente papà era tornato. Ci precipitammo nell'atrio cantando allegramente lungo le scale un ritornello che faceva così: «È guarito il babbo, è guarito il babbo». Giunti al pianterreno, restammo di sasso quando constatammo che dall'auto uscì soltanto zia Armida, la quale ci abbracciò forte. Quasi disperatamente. Papà era appena morto.

Bisognava andare al funerale, allora ci vestirono in modo elegante. E mi obbligarono a indossare delle orribili calze grigie. Ebbi un moto di ribellione poiché esse mi ricordavano gli orfanelli che, abbigliati tutti di grigio, seguivano per alimentarli i cortei funebri. Mia sorella mi disse: «Ma che ti frega? Mettitele queste calze grigie e falla finita!». E io risposi rabbioso: «No, a me gli orfani stanno sulle scatole!». Mariella, nonostante la tragica circostanza, scoppiò a ridere. Mia madre al funerale fu composta. L'esibizione delle emozioni, belle o brutte che siano, dalle nostre parti è un tabù. Terminata la funzione, rincasammo e gli adulti si adoperarono nella preparazione della cena. Il menu quella sera consisteva in lessi e bolliti, che mi disgustavano. Non potei più trattenermi ed esplosi fragorosamente: «Mi portano via il babbo, mi fanno vestire da orfanello con le calze grigie e mi danno pure da mangiare il bollito». Feci lo sciopero della fame. Io e la mia cuginetta Giusy ci rifugiammo nel soggiorno e, distesi sul parquet, intraprendemmo un passatempo che inventai sul momento, si chiamava «il gioco del funerale». Ci servivamo di scatole che fungevano da bare, il nostro compito era la tumulazione. Penso che questo sia stato il mio modo infantile e rudimentale di superare e metabolizzare quel turbinio di dolori.

Era l'8 settembre, quindi subito dopo riaprirono le scuole. Dai registri risultava che ero diventato orfano e i maestri si sentivano obbligati a rendermi bersaglio di frasi fatte, sebbene sentite. Il che mi disturbava, quei panegirici mi mettevano a disagio. E provavo una strana vergogna davanti ai miei compagni, che li udivano. Vissi la mia condizione come una penitenza, come qualcosa di fastidioso. Già allora non mi andava proprio di essere compatito.

Il babbo aveva una mentalità molto aperta, univa rigidezza e morbidezza. Era un uomo colto, raffinato e intelligente, un dannunziano convinto nonché fascista della prima ora. Mi diede il nome Vittorio perché credeva fermamente nel trionfo dell'Italia nel conflitto mondiale. Chi conosceva questa storia mi chiamava Littorio Feltri.

Durante l'estate i miei mi spedivano per una o due settimane a Chiuduno, un paesino limitrofo a Bergamo dove aveva una bella villa la sorella della nonna materna, la quale mi ospitava di buon grado. Il fratello di questa zia gestiva una trattoria, munita di un giardino in cui la gente del posto si dilettava a bocce e a carte, tirando spesso bestemmie con una disinvoltura impressionante. Tanto che nella mia coscienza di bimbo neanche capivo che quei termini fossero vietati. Per me erano un modo come un altro per esprimere contrarietà o disappunto. Memorizzai quelle espressioni, anche perché le ascoltavo a ripetizione, e una volta tornato in famiglia, a Bergamo, le sfoggiai giocando a carte con mia sorella. Ogni volta che mettevo sul tavolo una carta urlavo una blasfemia. Notavo intorno a me un certo stupore. Mia madre era inorridita, Mariella mi guardava con la bocca spalancata e come fossi posseduto. Intervenne mio padre che raccomandò a tutti: «Zitti, zitti. Non fategli notare che sono frasi impronunciabili. Se ne dimenticherà tra qualche giorno. Se gli poniamo il divieto di dirle, siamo rovinati, non farà altro». Non vi è dubbio che il babbo avesse già afferrato la mia indole ribelle, di stronzo patentato.

Di domenica io e papà andavamo a fare due passi lungo le mura di Bergamo. Ricordo che mi teneva per mano. Era sempre elegante, curato, ci teneva a presentarsi al meglio. Il suo armadio straripava di bei completi di vari colori, portava scarpe inglesi e il suo stile era molto vicino a quello che oggi è il mio.

All'improvviso mia madre cadde in disgrazia. Le sue attività fallirono. Allora mi adoperai per sostenere la famiglia, sebbene non fossi che un ragazzino. Facevo il commesso e la fine settimana pulivo anche le scale dei condomini. Sgobbavo sempre. Dopo qualche tempo la mamma trovò un impiego presso l'Automobile Club, diventando ben presto dirigente. Aveva un temperamento forte, come tutte le donne che hanno fatto parte della mia esistenza. Penso alla zia Armida, che già negli anni Cinquanta era un amministratore dell'Ospedale Maggiore bergamasco, o a sua sorella, la zia Narcisa, laureata e dirigente scolastico.

La mamma morì a 90 anni e lavorò fino a 75. Il giorno in cui ha smesso di faticare si è ammalata di demenza senile, non ricordava più gli eventi recenti, a volte mangiava e un attimo dopo si dimenticava di averlo fatto. Ella non poteva più vivere da sola né con la zia Tina, la quale non era in grado di controllarla. Accadeva che uscisse di casa e poi non si ricordasse più dove abitava. Un dì la mamma fu rinvenuta sull'autostrada. Quando ci segnalarono che si trovava lì, ci recammo sul posto con la polizia. Prendemmo uno spavento e questo episodio ci persuase che la scelta migliore sarebbe stata quella di portarla in una casa di cura. Ne selezionammo una piuttosto bella dove le assegnarono una mansarda dotata di un salotto, un ampio bagno e la camera da letto. Ogni domenica andavamo a farle visita e lei ci chiedeva puntualmente quando sarebbe potuta rincasare. Tiravamo avanti con delle pietose bugie. Rimase lì un paio d'anni.

Non ero mai stato il suo figlio prediletto, aveva le sue preferenze tra le quali io non rientravo. Perciò rimanevo stupito ogni volta che varcavo la soglia della sua mansarda e la trovavo sempre più carica di mie gigantografie con le quali aveva tappezzato le pareti. Allorché entrò in agonia, sentire i suoi lamenti mi era insopportabile. La vedevo soffrire e mi sentivo impotente. Mi scagliai contro uno dei medici della clinica. Gli dissi che non era accettabile che mia madre patisse tanto, lo incitai a farle un'iniezione per darle un minimo di sollievo. Le fecero una puntura e dopo un paio d'ore ci lasciò. Ricordo che pensai: «Cavolo, reggo bene il colpo. Quasi non sento niente». Subito mi diedi da fare con le pratiche burocratiche, preparai il funerale, pagai le imprese, non mi sentivo particolarmente sconvolto. Portati a termine codesti obblighi, raggiunsi la macchina, chiusi lo sportello, accesi il motore ed esplosi in un pianto dirompente. Incontenibile. Avevo come una pesante sensazione della fine di tutto, della rescissione totale e irreversibile delle mie radici. Pure la zia Tina era morta da poco, e ora mi abbandonava mia madre.

A proposito della zia Tina, anche lei trascorse gli ultimi mesi della sua vita in una casa di cura. Un giorno mio fratello Ariel le fece visita e lei era seduta accanto a una signora che non faceva altro che lamentarsi. La zia si accostò ad Ariel e gli disse neanche tanto sommessamente: «Questa qui continua a rompermi i coglioni, se sapesse che domani mattina è già andata a fare in culo...». E così fu.

Le donne della mia famiglia sono straordinarie.

VIII

Zio Ernesto e il mio Sud

Visitai il Sud per la prima volta quando era appena finita la guerra. Ero molto piccolo, avrò avuto 5 anni, ma mi è rimasto impresso nella memoria il lungo viaggio per raggiungere lo zio Ernesto e la zia Nella. Quest'ultima era una delle sorelle di mia madre, la quale insieme a suo marito da Bergamo si era trasferita in Molise, a Guardialfiera, poiché lo zio, che era perito agrario e aveva una particolare abilità nell'amministrare aziende agricole, era stato chiamato in quella regione per governare un feudo molto ampio da un certo signor Baranello, latifondista che risiedeva a Campobasso ma era napoletano di origine. Da Bergamo raggiungemmo Milano e da qui salimmo sul treno Milano-Lecce. Viaggiavo in compagnia della zia Tina, la quale per me fu come una mamma. A un certo punto il convoglio si bloccò poiché le ferrovie nel dopoguerra erano state gravemente danneggiate dai bombardamenti. Ci comunicarono che c'era una specie di impedimento a proseguire e dovemmo scendere dal vagone per salire su un carro bestiame, che ci avrebbe condotti a Termoli, il primo comune del Molise. Fu durante quel pellegrinaggio che ebbi il primo impatto con qualcosa che fino ad allora mi era sconosciuto: il mare. Ne avevo sentito parlare, ma non lo avevo mai veduto. Mi imbattei in quella distesa azzurra mentre la zia Tina dormiva sulla paglia che fungeva da tappeto e il convoglio procedeva a ritmo costante.

Un timido raggio di sole mi ferì le palpebre, spalancai gli occhi e restai stupefatto da quella straordinaria celeste visione. Una signora che era a bordo, forse notando la mia emozione, mi spiegò che quello era il mare. Lo guardavo. Una palla rossa si sollevava dalle sue viscere, lentamente veniva a galla e saliva come se qualcuno dall'alto la trainasse tramite un filo invisibile. Era l'alba.

Fu una trasferta simile a quella che compiono gli extracomunitari che intendono toccare il suolo europeo. Dodici ore di viaggio, in quelle condizioni, su un adulto pesavano tanto, poco però su un bambino che continuava a stupirsi di tutto ciò che intravedeva dal carrozzone di legno. Finalmente giungemmo a Termoli, tuttavia l'avventura non era ancora terminata: occorreva lasciare il vagone riservato alle bestie e prendere un treno diretto a Campobasso. Noi saremmo scesi prima, ossia a Larino, al fine di poggiare i sederi su un pullman scalcinato che ci avrebbe infine fatti approdare a destinazione. Rimembro che a un certo punto accusai delle fitte atroci al basso ventre: da troppo a lungo trattenevo la pipì, eppure non osavo lamentarmi né farmela addosso poiché non avrei sopportato di presentarmi agli zii con i calzoni sporchi.

La casa della zia Nella era come un porto che ci accoglieva dopo tanto girovagare. Si trattava di un bel palazzo, situato nel cuore di Guardialfiera. L'opulenza era ovunque. Abbondanza di cibi, di servitù, di comodità. Eravamo fortunati perché noi avevamo il bagno, un vero e proprio lusso. Era una sorta di appendice dell'edificio, appiccicata al resto del fabbricato come fosse una scatoletta, segno che il cesso era stato aggiunto dopo.

Il soggiorno in Molise si fece esaltante nel momento in cui lo zio Ernesto mi portò in campagna col biroccio, assoluta novità per me che vedevo i cavalli e i calessi passare ogni tanto da lontano in quel di Bergamo. Ricordo ancora il nome degli equini, Bellì e Amì. Ne ero affascinato e mi innamorai durante quella mia prima estate molisana anche un po' del Sud. Del resto, vivevo una situazione completamente diversa da quella consueta. Inoltre, lo zio era come un babbo, stavamo sempre insieme e mi spiegava tutto, pure riguardo i cavalli. «Vittorio, non dimenticarlo mai: non bisogna frustarli, bensì trattarli bene, perché questi animali qui sono nostri amici, ci portano in giro, fanno tanta fatica» era il suo monito continuo. Zio Ernesto mi teneva per mano e io mi sentivo più forte. Notavo che egli stesso era orgoglioso di menarmi con lui, mano nella mano, allorché doveva fare i suoi giri. Ci recavamo nelle masserie che dipendevano da lui e i proprietari nei confronti di mio zio che era l'amministratore avevano un atteggiamento di estremo riguardo, gli offrivano qualunque cosa, spesso anche le uova. Quando gliele porgevano, egli me ne faceva bere subito uno. Con uno spillo che teneva sempre nel taschino, lo zio praticava un buchetto sopra e uno sotto l'uovo e mi incitava a succhiarne il contenuto. Si andava in giro per le campagne fino a sera. Era piena estate e contemplavo le distese dorate di grano. Quello tenero è biondissimo, quello duro ha una venatura di nero sulle spighe, in alto. Pure questo me lo ha insegnato lo zio. E poi campi di canapa, di lino, ho quei paesaggi stampati nel cuore.

Mi fermavo a Guardialfiera anche tre mesi, senza mia madre che, essendo vedova, lavorava senza requie per mantenerci. Mi sentivo totalmente libero. Era una pacchia. Nessuno mi poneva limiti. Era il principio degli anni Cinquanta, non esistevano pericoli, neanche le auto c'erano da quelle parti. Inoltre, mi conoscevano tutti e venivo trattato con cura e rispetto. «È il nipote di don Ernesto» sentivo spesso esclamare al mio passaggio. Frequentavo gli altri bambini, più o meno miei coetanei. Notavo che avevano costumi diversi ma la cosa non mi ha mai stupito. I bimbi più piccoli indossavano dei calzoncini di lana che in basso avevano un buco da cui ciondolava il pisellino. Allorché gli scappava la pipì la facevano ovunque e in qualsiasi situazione senza scomporsi. E le mamme non avevano la croce di dovere ogni dì fare il bucato, una pratica che allora era piuttosto complicata. Nelle abitazioni infatti mancava l'acqua corrente ed era necessario raggiungere la fonte e prenderla con la tina, che veniva caricata sulla testa e trasportata per centinaia e centinaia di metri.

Questo succedeva nel mio Sud. Non erano del tutto assenti soltanto le automobili, ma anche le motociclette. Il primo che da quelle parti comperò una motoretta fu un certo Romolo, giovane oste, simpatico ed evoluto per quei tempi. Un bel dì fu intravisto provenire da un paese limitrofo, Casacalenda, che si trovava su una specie di montagnola: scendeva a tutta velocità e da Guardialfiera i cittadini vedevano questo puntino nero che scorreva e scorreva, e si avvicinava. Rapidamente si diffuse la voce in tutto il paesino che Romolo stava per arrivare a bordo della sua motoretta e tutti, uomini, donne, bambini, anziani, infermi, scesero in piazza per accoglierlo con tanto di applausi, come fosse stato un eroe, un prodigio. Era un evento storico, una novità assoluta, e a quella gente sembrò il caso di celebrarla. Dopotutto lì ci si muoveva con l'asino; il cavallo lo avevano in pochi poiché era considerato roba da signori.

C'era una situazione di disagio sociale assoluto. Pochi avevano un lavoro. Un mio amico aveva trovato un impiego alla posta e si considerava estremamente fortunato. Si chiamava Vincenzo, in seguito fece anche il giornalista. Tuttora mi manda i suoi articoli. In quel borgo le abitudini erano ancora primitive, le signore erano vestite di nero, durante il giorno tutti stavano tappati in casa per il troppo caldo. Quanto a me, inutile specificare che me ne andavo sempre a zonzo, non ero tipo da pennichella neanche allora. Mi dedicavo alle esplorazioni con i miei amici, insieme costituivamo delle piccole bande e vagavamo di qua e di là. In tal modo ho potuto osservare tutto quello che succedeva. Gli amichetti mi portavano nelle loro case, molto più umili rispetto al palazzo dei miei zii, tuttavia non esistevano differenze sociali, classi, almeno per noi piccolini: eravamo tutti uguali. In quegli alloggi scorgevo un andito buio, quasi tetro. Molti avevano la radio, non mancava qualche sedia di paglia. C'era solo una camera da letto, in cui si dormiva tutti insieme, in cinque, o sei, o dieci. Quello che mancava era il bagno e io mi domandavo dove quelle persone si recassero a fare i loro bisogni. Scoprii che andavano «a balle pa fischia mammuccia» (giù nella valletta fischia mammuccia), ossia correvano a valle, anche di cento o duecento metri, dove c'era il granturco e lì potevano espletare le loro esigenze fisiologiche. Ero animato solo da curiosità, non provavo alcuno stupore. Nello squallore generale di quelle stamberghe modeste ma decorose vigeva un certo rigore formale, c'era una dignità. Non importava quanto quegli individui fossero poveri, si comportavano sempre da ricchi generosi e ti offrivano qualcosa ogni volta che passavi di lì, fosse anche un biscotto. Ero affascinato da questo calore umano, da questa vicinanza gli uni agli altri, mi trovavo bene al Sud.

Alla sera me ne stavo sul balcone della casa della zia e guardavo ciò che accadeva sotto, su corso Umberto. I cittadini di Guardialfiera facevano le vasche avanti e indietro, lo struscio insomma. Erano presenti pure i notabili del paese. E anch'essi vestivano la giacca del pigiama, quasi come fossero in smoking. Mi piaceva questa stranezza e dicevo alla zia Nella che desideravo unirmi a quel viavai di matti. Anche io volevo passeggiare in pigiama in mezzo a loro. Ella me lo vietava severamente.

A una certa ora andavo a prendere lo zio Ernesto in osteria, dove giocava a carte, e insieme rincasavamo. Come di consueto, lo zio mi teneva per mano. In quei momenti mi sembrava di avere un padre.

Vagabondando da solo ho scoperto tante cose di questo paese. Mi è rimasta dentro l'immagine della povertà, nella forma di una vecchia signora, la quale abitava in una catapecchia situata di fronte alla reggia degli zii. La sua casetta era una specie di caverna, un antro buio, in cui ella aveva collocato due o tre mobili e un fornello. All'ora di pranzo la vecchietta si preparava il suo misero piatto di pasta. Andavo a trovarla, era sempre carina con me, e seguivo quelle operazioni quasi incantato. La vedevo con i miei occhi misurare la pasta, metterla nel piatto, poi prendere la bottiglia dell'olio, che manovrava come se si trattasse di un tesoro. La donna vi intingeva un lungo ferro da calza dal quale poi faceva scivolare sulla pietanza tre gocce di olio, non una di più, per condirla. Si cibava di questo ogni santo giorno. La miseria è questa cosa qui: il ferro da calza che affoga nella bottiglia. Il formaggio non esisteva. Con il mio sguardo non ancora disincantato di pargoletto pensavo che quello fosse nient'altro che un metodo di misura.

Pure a Guardialfiera avevano luogo le feste religiose tipiche del Mezzogiorno. Ogni estate veniva celebrato san Gaudenzio e la banda del paese si esibiva in piazza su una specie di rondò. Mi piaceva quel casino. Ascoltavo la musica, mangiavo noccioline zuccherate, correvo allegro con i miei amici. Lo zio Ernesto, a cui piacevano i bambini, per l'occasione dava 5 lire a ognuno perché si comprassero il gelato. Io andavo con loro a prendere il mio gelatino.

Negli anni ero diventato amico di un ragazzino che faceva il sarto, e andavamo insieme al fiume, il Biferno, a fare il bagno. Il suo nome era Nicola. Trascorrono tantissimi lustri e un giorno viene un tassista al «Giornale», il quale chiede in portineria del direttore, ossia di me. Non avevo idea di cosa volesse. Dico al custode di farlo salire. Era lui. È entrato nella mia stanza e l'ho riconosciuto. Mi sono commosso, sono stato travolto dai ricordi. Nicola era imbarazzato, mi vedeva in televisione, ero diventato importante per lui. È stato un momento anche duro. Ci siamo abbracciati in silenzio.

Non ho dimenticato neanche Nicolino, il figlio dello stalliere di mio zio, Tonino. Nicolino a un certo punto, quando aveva 14-15 anni, emigrò a Milano. Mio fratello Ariel lo incontrò per caso nel capoluogo lombardo dopo circa sei mesi dal suo insediamento e Nicolino parlava ormai come i milanesi.

Sento quei profumi. Quello del pane abbrustolito condito con pomodoro, origano e aglio. Si mangiava benissimo in Molise, nonostante la povertà. Ho nostalgia di quei sapori semplici.

Ed ecco che rivedo lo zio Ernesto. Stiamo andando a Larino, siamo sul calesse. A metà strada incrociamo il mattatoio e i cavalli si agitano, fiutano la morte, sono terrorizzati, si inchiodano. Lo zio scende dal calesse, gli si affianca, li accarezza, sussurra qualche parola nelle loro orecchie, come se fosse certo che essi lo comprendono, e i cavalli in effetti mostrano di capirlo, si convincono. Lo zio afferra le redini dal freno e li guida in avanti con amore. Le bestie si acquietano. È stato zio Ernesto a trasmettermi l'amore per i cavalli. È stato lo zio a insegnarmi tutto ciò che c'è da imparare in campagna, ho trebbiato con le mie manine. Egli mi portava nelle stalle. Una volta mi condusse con sé a Liscione, località ora coperta dalla diga, posto meraviglioso. I suoi contadini avevano comperato una bella cavallina, dolcissima, e quando arrivammo me la mostrarono subito. «Voi salirci?» mi chiesero. Fu la prima volta che montai a cavallo. Avevo circa 10 anni. Ben cosciente della mia passione per gli equini, lo zio ogni pomeriggio, verso le 18, mi incaricava di abbeverare i suoi due cavalli. L'abbeveratoio era situato un po' fuori dal paese e io li portavo uno alla volta dalla capezza, ossia dalla corda. Poi, come mi aveva mostrato lo zio, fischiavo agli animali per indurli a bere. Al ritorno saltavo su un muretto e montavo sulla groppa del cavallo, rientrando a Guardialfiera al galoppo.

Le estati in Molise sono state le più esilaranti della mia esistenza. Quando tornavo a Bergamo, parlavo più volentieri il guardiese che il bergamasco, poiché il Sud lo vivevo davvero, stavo sempre in strada con i miei amici, da scapestrati, mica chiuso in casa come in città alta.

IX
Gianni Brera

Gianni Brera è stato un mito del giornalismo sportivo, il più grande cronista di tutti i tempi, ammirato e anche osteggiato poiché è riuscito a convertire lo sport in pagine epiche, composte con lo stesso linguaggio alto, colto e dotto con il quale normalmente si celebrano i grandi fatti della vita civile. Insomma, i suoi articoli non si potevano confinare a un ambito circoscritto, erano alta letteratura. Era uno specialista del ciclismo, di cui sapeva tutto lo scibile, una specie di Omero, in grado di raccontare lo sport in modo avvincente.

Questa prosa affascinante e opulenta mi attirò subito fin da ragazzo, ero divenuto assiduo lettore di Gianni appassionandomi ai suoi pezzi pubblicati sul «Guerin Sportivo», settimanale che usciva ogni martedì e che era diretto proprio da Brera. Gli articoli che firmava occupavano un'intera pagina, l'ultima, e facevano parte della rubrica intitolata «Arcimatto», in cui il direttore scriveva cose folli ma bellissime. Insomma, Brera era speciale. Quando era ancora molto giovane fu a capo della «Gazzetta dello Sport» in virtù delle sue doti eccezionali. Allorché ebbi il piacere di conoscerlo, Brera mi parlò di un suo collega, diventato poi presidente della Rizzoli e in precedenza direttore della «Stampa» e dell'«Europeo», Giorgio Fattori, la cui scrittura, a giudizio del giornalista, era a dir poco meravigliosa. Il che mi stupì alquanto dal momento che raramente avevo il piacere di leggere qualcosa di Fattori, la cui opera non mi risultava neanche copiosa. Giorgio si occupava soprattutto di pallacanestro. Incuriosito dall'opinione dell'infallibile Gianni, andai alla ricerca dei componimenti di Fattori, il quale mi aveva assunto alla direzione dell'«Europeo», e fu così che scoprii che Brera, anche stavolta, aveva ragione. Quest'ultimo a un certo punto andò a lavorare al «Giornale» di Montanelli e, quando lo lasciò, non ci risparmiò uno dei suoi efficaci quanto spiritosi commenti: «Sono entrato nel giornale di Montanelli ed esco dal giornale di Alfio Caruso». Caruso allora era a capo dello sport del foglio fondato da Indro. Poi Brera passò a «Repubblica».

Nel 1988 fui inviato dal «Corriere» a Seul, in Corea, per seguire le Olimpiadi e in quei giorni divampò una polemica, la cui miccia era stata accesa dallo stesso Brera, il quale in uno dei suoi editoriali aveva auspicato che le Olimpiadi successive si svolgessero a Milano, ritenendola attrezzata e pronta ad accogliere un simile evento planetario. Ne fui informato dal quotidiano di via Solferino, che mi commissionò la stesura di un commento per dire cosa ne pensassi della proposta del cronista sportivo numero uno in Italia. Scrissi che in effetti i mondiali dello sport sono una manifestazione capace di attrarre ricchezza e prestigio, tuttavia feci notare che per ospitare una manifestazione di tale portata sarebbe stato indispensabile essere dotati delle strutture adeguate, che all'epoca mancavano. Sottolineai che nel capoluogo lombardo era assente una pista per l'atletica, che il Palazzo dello Sport era crollato sotto la neve nel 1985 e che non avevamo una benedetta piscina olimpionica né una vasca idonea alle competizioni per i tuffi. Sì, ok, c'era sempre l'Idroscalo, ma anche lì sarebbe stato necessario munirsi di infrastrutture. Ne conclusi che promuovere le Olimpiadi a Milano significava essere fuori di testa. La qual cosa non piacque a Brera, che sull'«Avanti!» mi rispose piccato, dandomi addirittura del cretino. Replicai colpo su colpo elencando una a una le manchevolezze che rendevano Milano inadatta a essere la sede dei Giochi olimpici. La mia conclusione fu ancora più aspra e sottile della precedente: «Caro Brera, stavolta hai toccato il fondo della bottiglia». Era notorio che Gianni fosse un bevitore accanito, sebbene nessuno, me incluso, lo abbia mai visto ubriaco. Egli stesso di questa sua passione non faceva mistero. Brera non replicò. E io pensai soddisfatto: «Colpito e affondato».

Giunse però la risposta di un terzo incomodo, che si insinuò nel nostro scambio di vedute. Si trattava dell'allora sindaco di Milano, Paolo Pillitteri, il quale mi disse che aveva letto con interesse le mie considerazioni, trovandole tutte errate, dato che, come egli stesso puntualizzava, il Comune stava già realizzando, e in parte aveva già realizzato, gli edifici fondamentali per le gare sportive internazionali. Alla fine del suo intervento, pubblicato sul «Corriere», Pillitteri mi invitò a contattarlo una volta tornato in patria da Seul: in tal modo avremmo organizzato una sorta di tour del capoluogo meneghino durante il quale, accompagnato dal primo cittadino in persona, avrei potuto visionare con i miei occhi le opere – alcune già erette – e avrei senz'altro ribaltato il mio punto di vista. Forse Pillitteri mi aveva sottovalutato e dunque credeva che non lo avrei fatto, che il suo cortese invito sarebbe morto lì sulla carta di giornale. Invece no. Non appena rientrato in Italia, lo chiamai e concordammo un appuntamento davanti a Palazzo Marino, in piazza della Scala. Arrivai puntualissimo all'incontro. Attesi un po' finché non mi comunicarono che quel dì Pillitteri aveva avuto un impegno imprevisto. Posticipammo l'impresa alla settimana seguente. Alla data fatidica, mi ripresentai davanti alla sede della giunta comunale e ancora una volta il primo cittadino si fece negare. Tali circostanze si ripeterono la terza settimana. E poi la quarta, quando la mia pazienza si esaurì e chiesi e ottenni dalla segreteria del sindaco gli indirizzi di tutti i luoghi dove avrebbero dovuto sorgere gli edifici in cui si sarebbero potute tenere le competizioni sportive universali. Il tour lo avrei fatto anche senza Pillitteri in qualità di Virgilio. La mia prima tappa fu l'impianto sportivo velodromo Maspes-Vigorelli, che si rivelò inagibile a causa dei danni della nevicata di tre anni prima. La seconda tappa fu il Palazzo dello Sport, irrimediabilmente compromesso per lo stesso motivo.

Il sindaco mi aveva assicurato che il Comune aveva già avviato i lavori di costruzione della piscina olimpionica al parco Lambro. Dunque feci un salto nel posto indicato per verificare l'operatività del cantiere. Non vi trovai neanche un'anima. A testimonianza delle buone intenzioni della giunta meneghina comparivano nient'altro che le listarelle bianche e rosse dei lavori in corso, le quali delimitavano un perimetro di terreno. Non persi l'occasione per attaccare Pillitteri, cognato di Craxi, per avere osato non solo prendere in giro me, ma anche il «Corriere» e i suoi lettori. Al mio pezzo nessuno osò rispondere. Trascorsero parecchi anni, il sindaco socialista fu coinvolto nell'inchiesta su tangentopoli, lo rividi e mi confessò che avevo ragione io allora e che egli non aveva valutato la possibilità concreta che io mi facessi vivo una volta tornato a Milano da Seul.

Seguivo sempre Brera, in quanto leggerlo rappresentava una delle mie passioni, allorché fui chiamato a dirigere «L'Indipendente», la cui sede era vicino a piazza Firenze, a Milano. Quando dovevo andare a pranzo, sceglievo qualche ristorante in quei dintorni, finché non mi imbattei in un'ottima trattoria che si chiamava Da Roberto, sita a due passi dalla redazione, su corso Sempione. Un giorno, varcata la soglia del locale, riconobbi con la coda dell'occhio Gianni Brera seduto a un tavolo. Non lo avevo mai veduto di persona, ma era un volto noto. Anche lui si accorse di me, tuttavia non ci salutammo, forse perché nessuno ci aveva mai presentati, insomma per evitare gaffe. Ero intento a conversare con il mio commensale, consumando il pasto, quando il cameriere mi recapitò una bottiglia di Grignolino, vino rosso piemontese, affermando: «Questa gliela offre il dottor Brera, che è seduto a quel tavolo lì». Ringraziai dapprima con un gesto della mano, poi presi visione del biglietto che accompagnava l'omaggio: «Auguro anche a lei di arrivare al fondo della bottiglia». Sollevai il capo e vidi Gianni che dalla sua postazione mi osservava con un sorriso. Memore della nostra diatriba consumata circa quattro anni prima sui giornali, Brera mi aveva restituito la battuta, ma senza acidità. Mi alzai per raggiungerlo e porgergli la mano e lui invitò me e il mio ospite al suo tavolo. Ne ero felice. Brera si rivelò essere formidabile pure come conversatore. Mi fornì spunti, notizie, anche riguardo «la Padania» – erano gli anni dell'avvento della Lega Nord. Mi raccontò storie, episodi, eventi storici. Gianni era un pozzo di informazioni, sembrava sapere tutto. Tornato nel mio ufficio, mi precipitai sulla Treccani al fine di verificare se tutto quello che il cronista mi aveva narrato fosse vero. Dopo quel dì iniziammo a vederci spesso e pranzare insieme Da Roberto.

Tra me e Gianni s'instaurò una certa confidenza, anche perché l'ammirazione che nutrivo da sempre nei suoi confronti era ricambiata, Brera gradiva il mio modo di dirigere «L'Indipendente», che continuava a crescere e acquisire lettori. Un giorno si presentò a cena con un fascicolo sotto braccio, che conteneva sette inediti di varia umanità, scritti da lui, e me li regalò. Decisi di dare alle stampe tutto questo materiale stupendo, pubblicando settimanalmente un suo inedito allegato al mio giornale. Ne pubblicizzammo l'uscita mediante le locandine esposte nelle edicole. Accadde così che nel giro di una settimana o due le vendite quotidiane crebbero di 7-8000 copie e fino alla fine quei lettori rimasero all'«Indipendente». Va da sé che la mia gratitudine nei confronti di Brera fu massima. Da quel momento egli non fu soltanto il mio mito ma addirittura il mio dio. Un'adorazione condivisa da milioni di lettori.

Gianni era sempre molto gentile e garbato con me, lo consideravo un amico e ci vedevamo di frequente, finché una mattina non appresi che era morto in un incidente stradale. Fu per me una fucilata. Provai un forte dolore al petto.

Nel settembre 2006 mi fu assegnato il premio Bellavista alla carriera e nel corso dello stesso evento si tenne il premio Gianni Brera. Dopo che ebbi raccontato alla platea circa il dono che ricevetti dal mio amico scomparso, si avvicinò a me uno dei suoi figli, il quale mi disse che non sapeva nulla riguardo il gesto di generosità di Gianni nei miei confronti. Insomma, Brera non lo aveva raccontato neanche a casa.

Mi aveva parlato un po' della sua vita durante i nostri incontri. Ed ero rimasto colpito dal fatto che da ragazzo Gianni fosse refrattario allo studio, si annoiava a stare sui libri. Tuttavia, sua sorella maggiore, che era una rompipalle, lo prendeva a schiaffoni per costringerlo a studiare. Fu merito di quest'ultima se egli si laureò in Scienze politiche. Sebbene non la esibisse, Brera possedeva una cultura universale enciclopedica, profondissima, non ne sbagliava una. Sapeva parlare di tutto, persino dell'origine dei bergamaschi, era superdocumentato. Lo ricordo come una persona squisita, di gran gusto gastronomico e di ampie competenze sugli alcolici, sempre sobria e educata. Gianni Brera è uno dei pochi giornalisti che vengono continuamente ricordati. Non fu solo scrittore di sport: celebre è il suo libro *Il corpo della ragassa*, da cui fu addirittura tratto un film.

Almeno il quaranta per cento dei cronisti sportivi ha tentato di imitare Brera, ma nessuno ci è mai riuscito. Continuo a considerarlo il migliore giornalista in assoluto, lo metto a pari merito con Indro soltanto per rispetto, perché io preferisco Gianni. Eguagliarlo è impossibile, tanto era massiccio, ricco e appassionato.

X

Franco Di Bella

Era piccolo e grassoccio, eppure si muoveva con la grazia di una ballerina e con la rapidità di un centometrista. Francesco, detto Franco, Di Bella era di origini meridionali, il padre era di Tropea, la madre di Amalfi. Una miscela di sangue che gli aveva conferito una tempra coriacea. Tuttavia, Franco sapeva anche essere morbido, andare incontro agli altri, farsi concavo o convesso a seconda della necessità, senza mai tradire la sua natura. Ricordo che sulla sua scrivania teneva una boccettina di Bellergil, un calmante bello tosto, una sorta di psicofarmaco. Del resto, fare il direttore di un quotidiano non è mai stata una passeggiata. Doveva essere parecchio agitato se ricorreva a questi prodotti, eppure non lo dava neanche a sospettare.

Arrivò al «Corriere» quando era molto giovane, a 25 anni, e si distinse come cronista a cui non sfuggiva mai una notizia. Possedeva un fiuto addirittura animalesco. La sua carriera per questo fu abbastanza lesta. Fu presto nominato capocronista di Milano, ruolo nel quale si rivelò essere un fenomeno, tanto che venne promosso prima redattore capo e poi vicedirettore. Di Bella era un uomo macchina di prima qualità, come si dice in gergo, sapeva fare e disfare una pagina in un batter d'occhio. Ribaltava un'intera edizione in cinque minuti allorché giungeva un'ultima ora rilevante. E lo faceva con grande disinvoltura, lui stesso si recava in tipografia e impartiva gli ordini in maniera secca e decisa. Era impeccabile dal punto di vista della tecnica. Certo, non aveva la scrittura di Montanelli.

Il suo giornalismo era straordinariamente popolare. Franco considerava la cronaca elemento fondamentale di tutto il quotidiano. Nel 1977 venne chiamato a fare il direttore del «Resto del Carlino», foglio di proprietà di Attilio Monti, nonno di Andrea Riffeser. Monti era stato autista di Benito Mussolini e aveva fatto fortuna inserendosi nel settore del petrolio. Arricchitosi a dismisura, si comprò i giornali, poiché era convinto che la carta stampata fosse un ottimo investimento. Al «Resto del Carlino» Franco durò qualche mese, da marzo a ottobre, allorché fu scelto come direttore del «Corriere della Sera». Il quotidiano di via Solferino acquistò vivacità sotto la direzione Di Bella. Tuttavia l'esordio nel ruolo di capo non fu dei più felici. Il suo articolo di fondo di saluto ai lettori conteneva un errore, si trattava di un'imperfezione linguistica quasi irrilevante, che però non sfuggì ai colleghi del «manifesto», i quali lo presero in giro. Del resto, Di Bella era antipatico alla sinistra, si riteneva che fosse un conservatore, un uomo di destra, oggi si direbbe un «fascista». Insomma, partì con il piede sinistro, ossia sbagliato. Il pregio di Di Bella consisteva nel fatto che non si fossilizzava sulla politica. Ecco perché le vendite aumentarono a dismisura. Si toccò anche il milione di copie sotto la sua regia. Nel 1978 decise di pubblicare in prima pagina l'epistola di una lettrice, nella quale venivano affrontati i temi del matrimonio e del divorzio. Franco sapeva interpretare il sentire della gente, nonché i desideri del popolo. La stessa sintonia manifestava nei confronti della sua redazione, conosceva la psicologia dei suoi redattori, li comprendeva con uno sguardo.

Un giorno mi convocò nel suo ufficio per commissionarmi un articolo sul generale Carlo Alberto Dalla Chiesa. In quell'occasione mi raccontò alcune curiosità sul protagonista del mio ritratto. Scrissi un pezzo che il direttore apprezzò molto, in esso narravo pure della bizzarra abitudine del generale di tenere nella tasca dei pantaloni un mazzetto di gnomi e gobbi portafortuna. Quando si trovava in difficoltà, Dalla Chiesa affondava la mano in tasca e maneggiando i suoi folletti aveva l'impressione di scacciare la sfiga. Di Bella mi promosse caposervizio. Risale a quel momento storico un altro mio memorabile articolo, vergato in tarda serata. Era più o meno metà agosto e quella sera in una redazione già semideserta ero rimasto con pochi altri colleghi quando, intorno alle ore 22, ci giunse la notizia che il principe Vittorio Emanuele di Savoia, in vacanza all'isola di Cavallo, in Corsica, forse dopo avere bevuto qualche bicchiere di troppo, in seguito a una lite con il miliardario Nicky Pende, imbracciò il fucile e sparò un colpo, che uccise uno studente tedesco di soli 19 anni, Dirk Hamer, il quale stava dormendo su un'imbarcazione vicina. Il caporedattore Roberto Ciuni mi affidò il pezzo e io lo conclusi dicendo che il principe era capace di tutto ma buono a nulla.

In quel periodo il Paese era in fermento, erano gli anni del terrorismo, condurre il carrozzone era tutt'altro che agevole, ma Franco non mollò mai il timone. Finché non detonò lo scandalo della loggia massonica deviata P2, che coinvolse gli editori del «Corriere» e parecchi giornalisti, compreso lo stesso Franco Di Bella, che risultò tra gli iscritti. Egli non aveva affatto un atteggiamento che potesse indurre sospetti riguardo la sua persona, anzi penso pure che di appartenere alla massoneria non gli fregasse un soldo, evidentemente qualcuno gli aveva rotto le scatole affinché vi aderisse, proprio come era successo a me. Mi avevano proposto di entrarvi consegnandomi un modulo da riempire, un lungo questionario che per pigrizia non compilai. Avevo altro da fare e lo seppellii in un cassetto della mia scrivania dimenticandomene (il corporativismo non mi ha mai allettato). L'indolenza qualche volta salva la vita, o almeno la reputazione. Quando scoppiò la polemica sulla P2, Di Bella venne cortesemente invitato a togliersi di torno ed egli, che aveva promosso molti giornalisti, i quali poi si sono rivoltati contro di lui, come spesso accade, dovette ritirarsi. Quando era stato nominato direttore, per tenere la pace sociale all'interno della redazione, avendo fama di destrorso, aveva dovuto dimostrare di non nutrire pregiudizi nei confronti di nessuno e così aveva fatto nuovi inviati e corrispondenti. Strano a dirsi, ma proprio quelli che Franco aveva beneficato sono stati i primi a premere perché lui sparisse dalla scena.

E lui se ne andò. Una sera svuotò il suo ufficio e nessuno, mentre era impegnato nella raccolta delle sue scartoffie, venne a porgergli un saluto. Io non ero nella risma dei beatificati da Di Bella. Certo, mi aveva fatto caposervizio, ma io altroché se lo meritavo. Avrei piuttosto voluto fare l'inviato e non l'ottenni. A ogni modo, quando seppi che Franco si accingeva al ritiro, io e la collega Fiorella Minervino percorremmo il lungo e austero corridoio direttoriale, andandogli incontro. Egli appena ci vide si fermò sulla soglia della sua stanza, posò per terra il grande borsone pieno di cianfrusaglie e ci osservò avvicinarci con un'aria vinta e affranta. Lo abbracciammo. Come si abbraccia un padre, come si abbraccia un caro amico. Come si abbraccia un direttore che è stato grande e ti ha molto insegnato. E che non potrai dimenticare mai. Come tre imbecilli scoppiammo a piangere mestamente. Questo episodio Franco stesso lo raccontò nel suo libro *Corriere segreto*. Lo accompagnammo fino alle scale e lo guardammo allontanarsi con la sua borsa pesante finché non scomparve dietro l'angolo.

Dopo Di Bella alla guida del Corrierone arrivò Alberto Cavallari. Nel corso della trattativa per la scelta del successore di Di Bella, sembrò per un momento che avesse la meglio Alberto Ronchey, poi lo bocciarono poiché questi aveva fama di anticomunista e in quel periodo pure dentro il «Corriere» comandavano i comunisti. Cavallari era corrispondente da Parigi, promosso proprio da Di Bella. Trascorsero alcune settimane dall'insediamento del nuovo dirigente e una sera mi recai in un ristorante, tuttora ubicato a due passi dalla redazione, il Rigolo, con Franco. Siccome, come ho già detto, io avevo condotto un'aspra battaglia contro Cavallari ed ero il capo dei rivoltosi, avendo promosso una votazione, persa per una manciata di voti, al fine di mandarlo a casa, mi ero inimicato il direttore. Di Bella mi appoggiava. In quel periodo ci frequentavamo assiduamente. Una sera mi invitò a cena a casa sua, in piazza della Repubblica. Sua moglie era sorda e notata la sua difficoltà nel comprendere le nostre chiacchiere, dalle quali si sentiva esclusa, la rassicurai con voce sonora: «Signora, lei non sa quanto è fortunata a non sentire tutte le cazzate che diciamo». Ridemmo per almeno cinque minuti.

Franco ci teneva che facessi parte della sua squadra allorché fu nominato direttore editoriale del Gruppo Monti. Ma io rifiutai l'offerta. Anche al «Resto del Carlino» Di Bella portò una ventata di freschezza. Fabbricava un ottimo prodotto.

Le inchieste sulla P2 finirono nel vuoto. Tuttavia, lasciarono il segno su Franco. Avrebbe dovuto restare al suo posto. Da lui appresi anche a fare i titoli nonché a impaginare e collocare i pezzi nel posto giusto. Egli era abile come nessuno nel tenere il filo diretto con il lettore. Come Gaetano Afeltra, possedeva la capacità di rendere il giornale attraente e popolare.

Lo vidi l'ultima volta quando ero direttore dell'«Indipendente». Mi convocò a casa sua su richiesta di Riffeser, il quale mi voleva fagocitare nel suo gruppo. Rigettai la proposta di dirigere «il Resto del Carlino». Nel mio giornaletto, in fondo, me la passavo alla grande.

Grazie, Franco, piccolo grande uomo. Sono tante le cose che mi hai insegnato.

XI
Alberto Ronchey

Alberto Ronchey è stato un grandissimo giornalista, un commentatore formidabile, un fondista d'effetto, preciso in modo maniacale, il quale a un certo punto della sua carriera divenne direttore della «Stampa» di Torino e la strutturò come fosse un giornale inglese, inserendo grandi fotografie, titoli esplicativi e pezzi curatissimi. Ci rimase anche abbastanza a lungo. Allorché smise di fare il direttore, fu assunto come editorialista al «Corriere», dove lo soprannominarono «l'ingegnere». Ad appiccicargli codesto nomignolo era stato Fortebraccio, giornalista dell'«Unità». Rimase diversi anni al «Corriere» durante i quali fu l'autore dei migliori fondi, poi a un certo punto divenne dirigente della Rizzoli-Corriere della Sera.

Inizialmente abitava a Roma, poi si trasferì nel capoluogo lombardo. Erano ormai i primissimi anni Novanta, allora dirigevo l'«Europeo» e ci incontravamo spesso a pranzo o a cena e trascorrevamo del piacevole tempo insieme. Del resto, Alberto era una compagnia stimolante, era dotato di spirito, ma soprattutto di saggezza. Un uomo elegante e distinto. Tra di noi c'era un'unica incompatibilità. Insanabile. Ronchey amava il pesce, soprattutto crudo, quindi la cucina giapponese; mentre io detesto cibarmi di ciò che viene pescato. Quando mi invitava a cena, mi conduceva sempre in un ristorante specializzato in sushi, uno dei primi che furono aperti a Milano. Si trovava in pieno centro. Per me era un'agonia. Sapevo già che quella sera sarei rimasto digiuno. Neanche sfogliava il menu, conosceva a menadito ogni piatto e pronunciava quei nomi esotici con la disinvoltura di uno che a Tokyo ci ha vissuto per decenni. Faceva la sua ordinazione e beveva il suo sakè, una bevanda che a me faceva schifo, mentre io ero ancora alle prese con la selezione di una pietanza almeno commestibile, priva di alghe e di pescato. Va da sé che le alternative erano misere e consistevano di solito in una ciotola di riso in bianco. Neanche fossi stato ricoverato in ospedale.

Ogni volta chiedevo il vino quasi illudendomi che fosse stato inserito tra le vivande. E puntualmente mi sentivo rispondere dal giapponese un po' stizzito: «Qui noi non bere vino, ma sakè». Dentro di me lo mandavo a quel paese. Uscivo dal locale affamato come uno squalo e mi mettevo alla ricerca disperata di cibo, fosse anche un panino con il salame. Accettavo di sottopormi a questa sistematica tortura soltanto perché Alberto Ronchey era un personaggio interessante e curioso. Mi forniva consigli sulla fattura del giornale che dirigevo, suggerimenti pacati, poiché Alberto era una persona di straordinaria educazione. Era rispettoso di tutti i giornalisti, non l'ho mai sentito parlare male di nessuno. Era un gran signore, molto attento a non offendere. Insisteva sulla documentazione, sul controllo delle notizie, mi incitava a trascurare le ipotesi e a basarmi sui fatti. Questo me lo ha insegnato lui. Purtroppo i nostri giornali sono pieni zeppi di retroscena e suggestioni, e per lui tutto ciò era insopportabile. Alberto era fattuale. Mi ha trasmesso questo suo modo di essere: i dietro le quinte non mi appassionano.

Quando andò via Di Bella dal «Corriere», Angelo Rizzoli scelse come direttore Ronchey e come vice Paolo Panerai, amministratore delegato della Class Editori. Ma intervennero i rossi che si opposero alla nomina di Ronchey, il quale era anticomunista: allorché la sua designazione diventò pubblica, a sinistra scoppiò una specie di rivoluzione e Rizzoli fu costretto a rinunciare. Fu a quel punto che saltò fuori il nome di Alberto Cavallari, appoggiato da Pertini e dal magistrato Branca, cosicché Ronchey restò abbastanza deluso, anche se non l'ho mai sentito recriminare. Quando fu promosso dirigente della Rizzoli, si sentì abbastanza appagato. Essendo un talento puro, incapace di accantonare la penna, continuò a scrivere.

Alberto Ronchey, proprio perché era un fuoriclasse e aveva le carte in regola, non è mai riuscito a fare il direttore del «Corriere». La scelta avveniva su basi politiche, allora i partiti contavano tanto nei quotidiani. Socialisti, comunisti e democristiani si spartivano le spoglie del potere.

Alla fine, riuscii a risolvere il nostro unico motivo di divisione, la nostra divergenza a tavola. Non ne potevo più di leggere menu di cui non capivo un fico secco e di ritrovarmi alle 22 con una voragine nello stomaco e pronto a stramazzare al suolo. Dato che offriva sempre Alberto e la cosa mi infastidiva alquanto, colsi la palla al balzo e lo invitai io in un ristorante da me individuato. Fu così che lo portai al Matarel, locale frequentato da Bettino Craxi, sito a due passi dal «Corriere» e specializzato in cucina tipica milanese. Quella sera ordinai un bel piatto di tagliatelle con il tartufo. Stavolta era Alberto quello in difficoltà, optò per qualcos'altro, ma nel momento esatto in cui mi fu recapitato il piatto fumante e profumato, vidi nascere sul suo volto un'espressione che non conoscevo. Disse prontamente al cameriere: «Lo stesso anche per me, grazie». Ne fu sedotto. Si mise a mangiare le tagliatelle con godimento e concluse il pasto con una bella fetta di torta di mele. Non lo avevo mai visto così felice. E da allora i nostri incontri si trasferirono in quella sede. Ho il merito di avere convertito Ronchey alla pastasciutta. Insomma, lo ammetto: lo riportai sulla retta via.

XII
Nicola Trussardi

Nicola Trussardi era orobico e, proprio come me, possedeva tutte le caratteristiche peculiari di noi abitanti di Bergamo. Il nonno era fondatore di una fabbrica di guanti, di qualità eccezionale, la quale aveva una denominazione stravagante, Polveresta, e non ho mai scoperto perché. Questa attività, che fu prospera per decenni, a un certo punto incappò in alcune difficoltà poiché i guanti caddero in disuso. Se fino a poco prima indossarli era un obbligo, all'improvviso divenne fuori moda. Allorché codesto accessorio cominciò a non essere più appetibile, Nicola era ancora un ragazzo, il quale, mentre studiava economia e commercio presso l'Università Cattolica del Sacro Cuore a Milano, prese in mano le redini dell'azienda di famiglia. Si recava spesso negli USA per vendere la sua merce ed era piuttosto bravo, non si piegava davanti a nulla, tantomeno di fronte alle difficoltà. Negli studi quindi non procedette spedito come la moglie, Maria Luisa, la quale si laureò prima del suo allora fidanzato, pur essendo un po' più giovane. L'orgoglio maschile patisce se è costretto a misurarsi con la superiorità femminile. Invece Maria Luisa, donna pratica e brillante, ci scherzava su, insomma non gliene fregava nulla che il suo ragazzo fosse qualche passo dietro di lei. Del resto, Nicola lavorava sodo. Se creare dal nulla un'impresa è compito arduo, risollevarla e farla risorgere è ancora più difficile.

Alla sera, intorno alle 18.30, c'era l'abitudine tra noi ragazzotti bergamaschi, appena diciottenni, di ritrovarci sempre in centro, dove c'era una gigantesca sala biliardo, sita in piazza Dante, il Diurno. Essa era munita anche di bar, toilette, docce, e c'era la possibilità per chi lo volesse di usufruire dei servizi di manicure e pedicure. Allora, e parlo degli anni Cinquanta e Sessanta, non tutte le case erano attrezzate di bagno, quindi si andava al Diurno, luogo pulitissimo, per lavarsi.

L'attrazione principale per noi giovanotti era costituita però da questa immensa sala da gioco, fatta a cupola e dotata di numerose postazioni. Era il nostro ritrovo. Tra di noi Nicola era il più ricco e forse anche il più bello. Eppure ciò che ci faceva più effetto, per non dire che ci suscitava un'invidia tale da diventare verdi come carciofi, sebbene senza cattiveria, era che Trussardi giungeva in piazza Dante a bordo della sua Fiat 600 Abarth bianca, che era considerata un bolide. Noialtri lo aspettavamo davanti al locale. Il suo arrivo era preceduto dall'inconfondibile rombo del motore. Ed eccolo lì Nicola, il quale non trascurava mai di compiere uno o due giri intorno al piazzale prima di parcheggiare davanti all'entrata. Era una sorta di giro d'onore, che si concludeva con il nostro applauso, quando la suola del piede sinistro di Nicola poggiava sul manto stradale. Trussardi amava stare in compagnia dei suoi coetanei. Come un sol uomo scendevamo giù e facevamo irruzione nella sala. Oggi mi risultano divertenti queste memorie: ci dividevamo in squadre, noi eravamo un po' provinciali, gareggiavamo senza darci arie, senza prenderci troppo sul serio, mentre Nicola aveva la mania del perfezionismo. Indossava un grembiule verde, premurandosi di allacciarlo saldamente sul retro. Compiva ogni atto con grande cura. I suoi gesti erano ieratici, lenti, solenni. Subito dopo afferrava il gesso e lo strofinava sulla cima della stecca, come fosse un rito. Noi attendevamo che egli si decidesse a fare la sua mossa, ma nessuno osava sollecitarlo. Lo osservavamo come rapiti. O addirittura ipnotizzati. Nicola pretendeva sempre di vincere, eppure non sempre ci riusciva e, quando non ci riusciva, si incazzava come una belva. I suoi occhi chiari erano attraversati da fulmini e saette, il suo sguardo diventava pensieroso, quasi preoccupato. Si irritava a tal punto che qualche volta rifiutava di andare a bere l'aperitivo. Se ne tornava di corsa a casa schizzando via con la sua Seicento.

Nicola poi ebbe a disertare questa soave consuetudine. Non lo si vedeva più in giro e si mormorava che sgobbasse sempre. Fu in quel periodo di latitanza dagli amici che ebbe un'idea strepitosa: trasformare la guanteria in qualcosa che andasse incontro alle esigenze emergenti di quel nuovo periodo storico, una casa di moda, specializzata in pelletteria. Nicola si mise a produrre giubbotti di pelle, giacche di camoscio. Anche io avevo il giubbotto Trussardi di camoscio, anzi ce l'ho tuttora, quello originale di allora, ossia degli anni Sessanta, e ancora lo sfoggio. Il celebre marchio, costituito da un nobile levriero, lo fece elaborare da un signore di Bologna. Nicola vide quella immagine e se ne innamorò. Il levriero è un animale straordinario e gli trasmetteva il senso della sportività, dell'eleganza, della velocità. Nicola ci ha visto giusto, ha indovinato, perché con questo simbolo il marchio Trussardi sfondò sul mercato mondiale in tempi record, tutto merito suo. Nicola aveva un fratello, Dante, stesso nome del nonno, che purtroppo perse la vita in modo tragico: mentre puliva il fucile da caccia partì un colpo che lo stroncò allorché era molto giovane. Insomma, Nicola era bello, agiato, intelligente, ma l'esistenza non risparmiò neanche a lui dolori e drammi. Grazie al suo cervello era riuscito a prevalere su tutti in famiglia, persino sul padre e sul nonno, i quali erano piuttosto in gamba. Poi fu appoggiato e supportato da una eccellente socia in affari, la sua consorte, la quale dirigeva l'azienda.

Agli inizi degli anni Settanta convolò a felici nozze con Maria Luisa, la fanciulla più corteggiata di Bergamo, la quale, quando passeggiava sul Sentierone e passava davanti al bar Balzer, ne decimava parecchi di cuori. Tutti gli occhi erano puntati su di lei ed era il sogno impossibile di molti di noi. Insomma, Nicola sposò la donna più ammirata e desiderata. E insieme misero al mondo quattro figli, due femmine e due maschi, Beatrice, Francesco, Tomaso e Gaia.

Negli anni Ottanta Nicola si avvicinò al socialismo e divenne amico di Bettino Craxi, il quale nutriva simpatia nei suoi confronti, ne ammirava le capacità e lo spirito imprenditoriale. Incapace di subire una sconfitta, Nicola nel 1989 riuscì in un'impresa quasi impossibile: acquistare uno storico edificio risalente al 1876 e situato in piazza della Scala, a Milano, proprio accanto al teatro, per la cui ristrutturazione l'uomo investì un capitale, oltre 70 milioni di dollari in un decennio scarso. Questa struttura costituisce ancora oggi il quartier generale dell'azienda, vi si trovano gli uffici, la boutique e anche un bar, un ristorante stellato e una zona lunch che io frequento assiduamente durante la pausa-pranzo.

Nicola era uno che sapeva stare al mondo. Curava i rapporti sociali, era intraprendente, attivo, volava alto ed è stato uno dei primi imprenditori della moda ad arrivare in Giappone, dove registrò fin da subito clamorosi successi. Quindi la sua azienda diventò forte, così forte che quando a Roma fu necessario rifare le pattumiere pubbliche, egli ne creò di bellissime, firmate Trussardi, ovvio. Pure Alitalia scelse di affidarsi al marchio Trussardi per il rifacimento degli interni di tutti gli aerei. E Nicola non fallì neanche stavolta. Insomma, si spinse fino ai cieli. E lo fece con eleganza. Poiché egli si proiettava in alto. Comprò un palazzo a Bergamo che era del cementiere Carlo Pesenti e lo trasformò in una reggia. Nicola e Maria Luisa diedero vita a un impero.

Il mio rapporto con lui fu sempre delicato. La simpatia era reciproca, così come la stima. Allorché dirigevo «l'Indipendente», Nicola mi donò una splendida valigia di coccodrillo, ma purtroppo un dì, mentre mi trovavo in trasferta a Roma, me la rubarono. Ancora la rimpiango. Tutti gli anni il mio amico mi mandava oggetti, regali. Aveva queste accortezze, queste attenzioni. Correvano i primi anni Novanta ed ero alla guida dell'«Europeo», quando un bel giorno mi invitò a cena nella sua dimora bergamasca.

Mi accolse con calore, ci ricordammo delle partite a biliardo e delle nostre abitudini di fanciulli. Non erano presenti né i figli né la moglie, che avrei incontrato con piacere dato che era stata una mia compagnetta di scuola alle elementari nonché la mia prima cotta di ragazzino. In prossimità della conclusione della cena azzardai una domanda:

«Nicola, ma dov'è tua moglie?».

«È andata in montagna con i ragazzi. Ma perché me lo chiedi, la conosci?».

«Certo che la conosco. Ero innamorato di lei».

Trussardi si mise a ridere, tuttavia dalla sua espressione un po' contrita intuivo che si era ingelosito. Appariva scocciato.

Continuammo a frequentarci, sebbene non assiduamente. Qualche volta Nicola veniva a trovarmi in via Negri, sede del «Giornale», e andavamo a pranzo insieme, parlavamo di politica, di attualità, non si correva mai il rischio di annoiarsi in sua compagnia. Ovviamente evitai di parlargli ancora della consorte.

Nicola aveva la mania dei motori, automobili, moto, aerei. Ed è assurdo pensare che una delle sue passioni lo abbia infine ucciso. Una sera, mentre percorreva la tangenziale est di Milano, perse il controllo della sua Mercedes e si schiantò. Quando la mattina dopo venni a saperlo restai sconvolto. La scomparsa di un coetaneo, che conosci da sempre, produce un certo effetto, tanto più se avviene in circostanze tanto drammatiche. Era il 1999. Passarono appena quattro anni allorché una notte ricevetti una telefonata. Era Maria Luisa, la quale mi diceva che Francesco, il secondogenito, rincasando da una serata con gli amici, era finito fuori strada con la Ferrari e si era spento. Come suo padre. Maria Luisa era pietrificata dal dolore, stordita, lacerata, così tanto che al telefono non piangeva. Questo è tipico di noi bergamaschi, affrontiamo sia la sofferenza che la gioia con contegno, li viviamo internamente, all'esterno manteniamo un certo decoro. Mi occupai dell'organizzazione del funerale, di tutto ciò a cui era necessario provvedere in quel momento. Rimasi vicino alla famiglia, ai figli, soprattutto a Tomaso, per affetto nei confronti di Nicola. Fui io a presentare a Tomaso sua moglie, Michelle Hunziker. Ero nel suo ristorante allorché un cameriere, il quale sapeva che la showgirl era una mia amica, mi informò circa il suo arrivo, e io andai a salutarla, trascinando con me Tomaso. Avevo come un presentimento. Tomaso si vergognava, ma lo costrinsi a seguirmi. I due si scambiarono i numeri e Tomaso, su mio suggerimento, regalò a Michelle un paio di borse Trussardi. Seguitarono a telefonarsi. Un giorno sul treno Roma-Milano incontrai Tomaso.

«Come mai sei qua?» gli chiesi.

«Sono venuto a trovare Michelle che è a Roma per uno spettacolo.»

«Tu la sposerai!» esclamai.

E così fu, a distanza di qualche mese. E io ebbi l'onore di fare da testimone di nozze.

Nicola non c'è più. Ma è rimasto nei nostri cuori.

XIII

Giuseppe Prezzolini

Non bastano a un uomo cento anni e cento libri per scalfire un pregiudizio appiccicatogli addosso. Giuseppe Prezzolini forse lo sapeva, eppure ha tentato fino alla fine e senza contarci troppo di spiegarsi con il disperato e mesto grido della penna. Una penna tenace, non vi è dubbio, dato che lo scrittore continuava a brandirla nonostante gli acciacchi, i dolori e le fatiche accumulatesi nel corso di un secolo più nell'animo che nelle membra.

Allorché lo conobbi, nel suo appartamento tappezzato di volumi sito in via Motta, a Lugano, mi accorsi tuttavia che decenni di battaglie non avevano potuto nulla sulla sua indole di bastian contrario. Prezzolini era ostile ai luoghi comuni e alle convenzioni e di comandato non tollerava neanche le feste. Incluso il suo compleanno. Persino il centesimo lo aveva trascorso nel modo consueto, ossia sigillato nella sua impenetrabile e orgogliosa solitudine, barricato nel suo antro, posto davanti allo scorcio più bello del lago di Lugano, ignorando lettere, telefonate e telegrammi.

Nonostante il suo esilio volontario, un dì – seppur tardivamente – gli italiani si sono accorti di Prezzolini. E non per le sue opere e il suo pensiero. Di Giuseppe stupiva e affascinava il fenomeno biologico, ovvero la straordinaria longevità. Dunque egli continuava a restare un personaggio sconosciuto sia alla massa, per la quale lo scrittore era al massimo un simpatico e bizzoso vecchietto, sia ai colleghi, secondo i quali Giuseppe era dotato sì di ingegno, tuttavia lo aveva sprecato in atteggiamenti e attività censurabili. Lo consideravano «fascista», «bieco reazionario», «teppista intellettuale», «nemico del popolo», «disfattista». Togliatti lo definì «meretrice vecchia venduta su tutti i marciapiedi». Furono forse le parole più gentili dedicategli.

Nel momento in cui, in prossimità della fine del secondo conflitto mondiale, i fascisti si scoprirono improvvisamente antifascisti, Giuseppe Prezzolini era già migrato da decenni negli Stati Uniti, dove rimase fino al 1968. Un gesto clamoroso per prendere le distanze da un movimento i cui tratti di ambiguità stavano piano piano emergendo e pure dall'uomo che lo rappresentava e incarnava, Benito Mussolini, il quale un tempo lontanissimo era stato suo caro amico. Benito allora non era ancora il duce, bensì un maestro elementare con la marsina lisa. Allorché il maestro si trasformò nella persona che tuonava dallo storico balcone, con mezza Italia plaudente in camicia nera, Prezzolini, anziché godersi un posto nella lugubre corte dell'impero, prenotò un biglietto di terza classe su una nave e varcò l'oceano, non senza prima donare ai connazionali una profezia: «Il fascismo sarà una buffonata, ma per vent'anni almeno ve lo terrete addosso. Io tolgo il disturbo», e sventolando il cappello scomparve piano piano all'orizzonte. E così fu. Ciò che il giornalista non aveva previsto è che gli antifascisti dell'ultima ora, dopo il sanguinoso rovescio, sarebbero stati i suoi acerrimi nemici e si sarebbero accaniti contro il professore della Columbia University, che aveva vissuto all'estero di stipendio, mentre i suoi colleghi durante il regime avevano primeggiato nei littoriali e si erano scambiati medaglie nei salotti migliori.

Insomma, l'emigrazione non salvò Giuseppe dall'accusa di collaborazionismo e tutt'oggi il suo nome è sinonimo di fascista. A nulla valsero cento libri e centinaia di articoli pubblicati sul «Borghese» e sul «Resto del Carlino» per fare comprendere agli abitanti della penisola chi era e chi fu Giuseppe Prezzolini. Poiché essi non lo volevano comprendere.

Non deve stupire che lo scrittore preferisse fare l'esule in Svizzera piuttosto che ricevere tardivi onori in patria. Pertini gli consegnò la «penna d'oro», Spadolini gli riservò parole di encomio. Giuseppe apprezzò, ma tali riconoscimenti avevano ormai un sapore quasi amaro. Gli costarono la fatica di recarsi fino a Roma. Per un giorno solo. Non di più. Dover compiere cent'anni per ricevere un apprezzamento nella propria terra madre fu eccessivo pure per un disubbidiente ben consapevole quale era Prezzolini, che, avendo sempre detto nossignore, non poté aspettarsi molto dai potenti.

Giuseppe non aveva compiuto studi regolari, anche perché era refrattario alla disciplina. «Strappavo i libri, ai banchi di scuola non volevo sedere» mi confidò. Era stato educato da Papini, suo precettore, il quale lo avviò alla cultura con la persuasione. Avere a disposizione un professore di grande livello tutto per te ti agevola alquanto. Difatti Prezzolini aveva una scrittura brillante e chiara e una preparazione sconfinata, coltivata più che altro da solo. All'università ci arrivò sì. Direttamente da docente.

Allorché mi venne voglia di conoscere lo scrittore, questi aveva da poco compiuto cent'anni, trascorrendo il dì del suo compleanno nel modo che gli era più congeniale, ossia lavorando, come ebbe modo di dirmi egli stesso. In Italia veniva raramente e si fermava al confine, giusto il tempo di acquistare il suo vino preferito. Dunque non mi restava che raggiungerlo in Svizzera, ma prima era necessario riuscire nell'impresa di prendere un appuntamento. In qualche modo e non senza fatica fui in grado di mettermi in contatto con lui e gli chiesi un'intervista sia per la televisione, Rete 4, sia per la «Domenica del Corriere». Era il febbraio 1982. Prezzolini accettò e io lo feci parlare con mio fratello per trattare il compenso, poiché lo scrittore non faceva nulla gratuitamente. Tuttavia, il prezzo stabilito non era esagerato: 200.000 lire. Fissammo il giorno e l'ora della visita al suo domicilio. Alle 9.30 del mattino, che per me era praticamente l'alba, suonammo il suo campanello e fummo accolti nella sua signorile se pur modesta dimora, priva di fasto come la sua esistenza, da una donna di una certa età, suor Margherita Marchione, sua ex allieva italoamericana, la quale si prendeva cura di Prezzolini, che aveva da poco più di un mese perso la seconda moglie. Il medico quel dì l'aveva trovato seduto accanto alla consorte defunta, immobile, le mani sulle ginocchia e lo sguardo fisso. «Che cosa fa, professore, lì in quel modo?». E Prezzolini: «Aspettavo lei per piangere».

Ma torniamo al momento in cui ebbi la fortuna di conoscere lo scrittore, che per me era un monumento, anzi un dio. Ero addirittura emozionato. E mi aspettavo di trovarmi davanti un vecchio signore centenario, che si muoveva a fatica e parlava con tono flebile e ritmo lento, quasi estenuante. Suor Margherita ci fece accomodare in un salottino e dopo pochi minuti si palesò Prezzolini, arzillo e squillante, vestito di tutto punto. «Avete portato i soldi?» esordì. Lo rassicurammo porgendogli la busta. E poi si scusò: «Purtroppo, prima di dedicarmi a voi, devo terminare un articolo per il "Resto del Carlino", tuttavia non ci metterò più di venti minuti. Nell'attesa vorrei offrivi qualcosa». E lasciò la stanza per tornare con una bottiglia di grappa, quando noi ci saremmo aspettati al massimo il caffellatte. Lo guardammo sorpresi, ma né io né mio fratello Ariel osammo obiettare. Prezzolini si ritirò nel suo studio lasciando l'uscio semiaperto così che dalla nostra postazione potevamo vederlo intento alla macchina da scrivere. Vergava alla velocità della luce, tanto che temevo che l'aggeggio prendesse fuoco. Dopo una quindicina di minuti finì la sua opera, la rilesse, fece due correzioni e subito ci raggiunse per invitarci in quel locale che fungeva da ufficio e in cui Giuseppe se ne stava sommerso da carte, giornali, fogli e foglietti, perfettamente a suo agio nel tipico disordine delle persone attive.

Era un piacere intervistare Prezzolini, poiché era secco, brillante e disinvolto nelle risposte, e questo semplifica alquanto il lavoro del cronista. Mi raccontò almeno metà della sua vita e ne rimasi colpito. Mi narrò persino di quelle due volte in cui tentò il suicidio. «Non credo volesse morire sul serio» mormorai. «Volevo morire, eccome. Ed ero pure contento di levarmi dai piedi. Anzi, morivo contentissimo, a dire il vero. Lo so perché sono stato varie ore in sala rianimazione e lo ricordo come uno dei momenti più belli della mia vita.» Che strano uomo, Prezzolini, riusciva a essere davvero felice solamente in occasione del trapasso!

La conversazione fu lunga, ma non tediosa, bensì interessante. Mi sorprese che l'uomo detestasse l'Italia, o forse gli italiani, quelli che lo avevano sempre trattato come figura di secondo piano, mentre egli era a un livello altissimo.

Il problema di Prezzolini consisteva nel fatto che egli non fu mai schiettamente antifascista. Come Montanelli, non rinnegò mai il suo passato e ciò favorì la nascita di un equivoco, ossia che fosse fascista quando invece era liberista. Tuttavia, mentre Indro riusciva a conciliare la sua attività giornalistica non conformista con la realtà italiana, Prezzolini aveva un carattere più fumantino, si incazzava come una bestia, non sopportava i luoghi comuni, il politicamente corretto.

Sebbene non mi conoscesse, dimostrò di nutrire simpatia nei miei confronti. Tanto che, quando ci lasciammo dopo l'intervista, non mi mollava più la mano. Forse sentì un'affinità. O forse, semplicemente, si sentiva solo. Come ci disse suor Margherita scortandoci al portone: «Gli voglio un gran bene e per stargli vicino in questo momento difficile ho chiesto al convento una licenza di sei mesi. Ora che gli è morta la moglie, ha bisogno di una persona amica. Anche se ha pudore dei sentimenti, sento che la solitudine gli fa male». Nel frattempo Prezzolini era tornato a scrivere e dal corridoio udivamo il picchiettio forsennato e nervoso dei tasti. Aveva fretta di completare il suo ultimo libro: *Prezzolini, cent'anni di attività*, scritto a quattro mani con Moravia e ormai prossimo all'uscita.

«Ma come? Siete ancora qui?» chiese lo scrittore sorpreso affacciandosi dal suo studio. «In bocca al lupo per il suo prossimo libro» esclamai. «Be', vedremo se diranno che è fascista anche questo. Ma non importa. Importa invece che riesca a campare ancora un po'.» E io: «Ma come? Diceva che morire è bellissimo». «Lo dicevo mentre morivo, ma adesso, con rispetto parlando, sono vivo.»

Nel mio articolo poi sottolineai che Prezzolini «con i suoi scritti ha attaccato il servizio militare, il matrimonio e la famiglia: "invenzioni borghesi". Ma è stato ufficiale nella prima guerra mondiale, due volte marito e padre. Chi non ama i suoi paradossi non può capirne neppure il senso, la disperazione».

Quando il mio pezzo fu pubblicato, lo scrittore mi telefonò per ringraziarmi, dicendo che l'intervista gli era piaciuta e che io ero uno dei pochi giornalisti che non ciurlava nel manico. «Non ne avrei avuto motivo. Avevo soltanto desiderio di incontrarla e di conversare con lei perché l'ho sempre ammirata» gli spiegai.

XIV
Marco Pannella

Conobbi Marco Pannella in occasione del processo Tortora. Fu lui a telefonarmi dopo avere letto i miei servizi sul «Corriere della Sera» relativi a quell'intricata vicenda giudiziaria, i quali, come già ho ricordato in precedenza, spiccavano in quanto offrivano un punto di vista opposto a quello dominante nella stampa italiana che aveva sposato con soddisfazione la tesi colpevolista calpestando il principio sacrosanto della presunzione di innocenza. Io non ero assolutamente innocentista, tuttavia i miei articoli, mettendo in risalto l'improbabilità delle accuse rivolte al presentatore, sollevavano dubbi, poiché questo è il dovere morale del giornalista. Su sua espressa richiesta incontrai nella capitale Pannella, che mi manifestò il desiderio quasi disperato di aiutare Tortora.

In effetti, poco tempo dopo, lo candidò nelle liste del partito radicale ed Enzo fu eletto europarlamentare. Però la squallida faccenda non era chiusa, la strada fu lunga e tortuosa. Marco ogni tanto mi chiamava per avere aggiornamenti sul procedimento, dal momento che non si fidava molto dei quotidiani. Un giorno mi disse che gli avrebbe fatto davvero piacere essere intervistato dal sottoscritto e lo accontentai con un lungo colloquio a 360 gradi pubblicato sul «Corriere». Il nostro rapporto si consolidò in breve tempo, forse perché eravamo un po' simili, ci appassionavamo alla medesime cause. Ricordo che una volta mi invitò a prendere parte a un comizio a Milano, in piazza Duomo, e non ebbi il coraggio di rifiutare, nonostante io non sia un tipo da discorso solenne nell'agorà. La piazza era gremita di gente giunta da ogni dove. Marco si dilungò nel suo intervento, io invece fui conciso e suscitai qualche risata nel pubblico. Diciamo che, quando sono in difficoltà, riesco comunque a cavarmela.

Quando Tortora si dimise dalla carica di deputato europeo per sottoporsi al processo di secondo grado senza farsi scudo dell'immunità e nel processo d'appello fu finalmente scagionato, Marco e io ne gioimmo profondamente, sebbene ci restasse in bocca un retrogusto amaro.

La cosa più divertente che feci con Pannella fu accompagnarlo nella sua campagna elettorale. Il «Corriere» mi incaricò di seguire i grandi leader italiani durante i loro comizi. Solo Craxi, non gradendola, si oppose strenuamente alla mia presenza. Feci la cronaca dell'apostolato di Renato Altissimo, di De Mita e di altri grandi di allora, incluso Pannella. Il quale si trovava a Roma e da Roma si sarebbe recato in Sicilia, a Palermo. Dunque, mi invitò ad andare con lui, su un aereo privato che gli era stato concesso da Antonio Locatelli. Il che non mi dispiaceva affatto, dato che avrei evitato le lungaggini che precedono l'imbarco. All'orario stabilito mi presentai a Ciampino, ai voli civili, nell'area da cui decollavano gli aerei personali dei miliardari italiani. E attesi l'apparizione del politico. Nel mentre alcuni operai conducevano all'esterno di uno dei capannoni un aeroplano zoppo. Restai impressionato dal fatto che un velivolo tanto antiquato fosse ancora in circolazione. Lo osservavo con distacco pensando: «Non sarà mai questo mezzo così sfigato quello su cui viaggeremo noi». Invece mi sbagliavo. Oltre a me era presente il collega Massimo Franco, ora editorialista del «Corriere». All'epoca lavorava al «Giorno». Ci fecero salire su questo trabiccolo, anzi catorcio. Ci guardammo e ci venne anche da ridere dal momento che la situazione appariva surreale. Eppure eravamo molto preoccupati.

Un tetro presentimento si impossessò di noi allorché sopraggiunse un pittoresco pilota, il quale avrà avuto tra i 50 e i 60 anni. Indossava un casco di pelle marrone da aviatore con tanto di occhialini. Prendemmo posto e il velivolo iniziò a rullare. Ci sembrò di percorrere chilometri di pista, tuttavia l'apparecchio non si alzava mai, si rifiutava di prendere quota. Poi, finalmente, con grande sforzo, si staccò dal suolo. Stavamo volando sulla rotta per Palermo e ben presto sotto di noi vedemmo il mare. Io ero come paralizzato dal terrore. E pensavo: «Chi diavolo me lo ha fatto fare? Se crepo qui con Pannella, lascio una moglie e quattro figli». Intanto il leader dei radicali russava. Con un sincronismo stupefacente era letteralmente piombato nel mondo dei sogni non appena si era accomodato sul sedile. Massimo e io, invece, eravamo sveglissimi e nelle nostre vene scorreva adrenalina a fiotti. Come se non bastasse, a un certo punto, ci imbattemmo in un furibondo temporale. La cabina tremava, veniva sballottata da una parte e dall'altra, avevamo la sensazione di precipitare, per poi riprendere momentaneamente quota. «Vabbè, qui andiamo giù e buonanotte» mi dissi. Quasi mi ero rassegnato e gli episodi salienti della mia vita mi scorrevano davanti come scene di un film di cui io ero il protagonista.

Raggiunsi l'apice dello sconforto allorché, d'improvviso, sbucammo dalle nuvole e ritrovammo il sereno. Emisi un sospiro e mi avvicinai al pilota per cercare di parlargli e ricevere qualche informazione sul viaggio oltre che qualche rassicurazione. Eppure l'uomo non rispondeva, restava muto, era come ipnotizzato. Nello sconcertante silenzio d'un tratto si voltò verso di me e fece segno col dito verso il basso. Allora dalla sua bocca uscì solo una parola: «Ustica». Stavamo sorvolando in quell'istante l'isola dove il 27 giugno 1980 era avvenuto il disastro aereo in cui erano morte 81 persone. Compiere gesti apotropaici tutt'altro che eleganti fu per me automatico. Incredibile ma vero: finalmente riuscimmo ad atterrare a Palermo. Allorché poggiai i piedi per terra baciai il suolo, come il papa. Con un sincronismo ancora una volta perfetto, Marco si svegliò, carico come un vulcano pronto a eruttare. All'aeroporto c'era una BMW che ci attendeva per condurci in città.

Salimmo su questa macchina. Mi ero quasi del tutto rilassato ed ero come pervaso da una strana euforia che ritengo possa essere stata simile a quella che avverte un sopravvissuto all'apocalisse, quando l'autista prese a guidare a una velocità folle in quanto la gente era già in piazza in attesa del comizio di Pannella. Ebbi più paura sull'automobile che in cielo. Il veicolo sfiorava il guardrail e io chiudevo gli occhi. In tutto questo Pannella era serafico, se ne fregava, sembrava non accorgersi dei pericoli che lo circondavano. Ancora miracolosamente, arrivammo alla meta sani e salvi. Va da sé che il giorno seguente rientrai a Milano con un volo Alitalia.

Ecco un stralcio del mio articolo, pubblicato martedì 2 giugno 1987 sul «Corriere della Sera», in cui raccontai codesta esperienza: «Punta Raisi per chi arriva dal cielo ha l'allegrezza di un cippo funerario, ma, nella circostanza, mi sembra assai più entusiasmante della Cicciolina. Segnala il traguardo. Abbiamo fatto un volo pazzesco con un aereo cui mancano soltanto i pedali per essere un regolamentare giocattolo da luna park. Mi aveva sempre fatto sorridere il papa, che baciava la terra al termine dei viaggi; ora capisco quanto avesse ragione: non staccherei più le labbra dalla pista, una sensazione dolcissima, il piacere di rinascere. Sono le 18.30. Sto con Marco Pannella da undici ore e se ho i nervi logori credo di essere giustificato. Non avete idea di che cosa sia capace quest'uomo che suscita odi e amori esagerati. Stargli appresso una giornata equivale a un lento suicidio.

«All'inizio, quand'ero fresco, avevo sostenuto con lui vivaci discussioni. Poi, sarà stata la trasvolata sul mare, tra momenti drammatici e scene alla Ridolini, ho ceduto. Gli ho persino promesso, per sfinimento, che voterò per il suo circo. E pensare che m'ero immaginato un servizio tranquillo. La sveglia è alle 7.20. "Sono andato a letto alle 4" dice il capo radicale. "Tre ore di sonno, in campagna elettorale, debbono bastare." Sfoglia i giornali e s'arrabbia subito con Scalfari. "Da quattro anni non mi metteva in prima pagina, stavolta mi dedica addirittura il fondo per darmi del fascista. Sa perché? Per la Cicciolina. Ci voleva la pornostar perché s'accorgesse che esistiamo. Tutti uguali i quotidiani. Per loro contano più le tette dei cervelli." "Il Manifesto" gli ha pubblicato un'intervista, se la legge d'un fiato con aria di uno che è a caccia di errori. Non ne trova ed è contento: "Sono stati corretti, bravi". Pannella, abruzzese di Teramo, non è sposato. Vive da single in una piccola casa di buon gusto che il disordine non rovina. Esce senza neanche fingere di sistemare qualcosa, i posaceneri sono colmi, mozziconi cortissimi di Gauloises. Alle 9.15 siamo alla sede romana del "Corriere", è atteso per il dibattito-graticola coi giornalisti. Non se ne fa un problema e lo affronta con la consueta spavalderia, sparando slogan e sentenze. Indossa un completo "blu metallizzato", camicia bianca e cravatta celeste, lo stesso abbigliamento col quale si presenterà a Tribuna politica. È disinvolto, gesti ampi da dominatore del palcoscenico. Sulle scale incontra un paio di persone che lo riconoscono e salutano, un po' sorprese di trovarselo lì; risponde con cenni del capo e la chioma canuta ondeggia solenne. Si va di fretta».

E ancora: «Arrivano gli altri: un inviato del "Giorno" e un giovanotto della "rosa" che tiene la cassa. È assente soltanto il leader. Sono le 16. Mi hanno promesso che viaggeremo su un jet privato, genere alta finanza, e sono sereno come a Linate quando ci si affida all'Alitalia (che ho prontamente rivalutato). Sul piazzale, intanto, hanno trascinato un modesto apparecchio dalle ali che fremono al soffio del Ponentino. Fa tenerezza, sembra quello di Antonio Locatelli. "Un trabiccolo" penso "che useranno sulla rotta di Fregene per addestrare i piloti in erba." Un corno. È il nostro. Colto da malore, manifesto il proposito di rinunciare all'incarico: al "Corriere" capiranno.

«Ma non capisce Pannella che, giunto trafelato, senza indugi si tuffa a bordo con noncuranza come si trattasse di prendere la "circolare destra". E urla: "Annamo ch'è tardi". Fantozzianamente rassegnato, salgo. L'abitacolo è suppergiù quello di una Ritmo e pende a sinistra, la parte del super-radicale. Un signore di mezz'età, che tutti chiamano "comandante Tatulli", siede alla cloche e avvia i due motori che rivelano una preoccupante svogliatezza, tossicchiano, sbuffano, cigolano. I miracoli avvengono sul serio: il "cosino" decolla. Soffrendo – noi più di esso – prende quota. Sul volto di Tatulli leggo una moderata soddisfazione».

Sempre dal mio resoconto: «Il panorama è disgustoso: acqua plumbea, orizzonte viola quaresimale, nuvole blu di tonalità identica al monopetto di Marco. Vesce si appassiona alla perigliosa navigazione, l'inviato del "Giorno" ogni tre secondi si asciuga le mani, io procedo a un'intima commemorazione di me medesimo e considero con disappunto che, in caso di probabile sciagura, domani i giornali riserveranno un titolone a Pannella; e a noi, mezza riga di sommario: "Tra le vittime, un paio di cronisti e due collaboratori del battagliero esponente radicale". Nemmeno la consolazione di un'evidenza postuma. Imperversano raffiche di vento, un motore singhiozza, il comandante armeggia nervosamente sul quadrante, gira una chiavetta. Giuro che cadiamo. Mi volto: Pannella dorme, la bocca semiaperta. Una calma così in certi momenti è indisponente. Superiamo il temporale».

Infine, la conclusione: «La mezzanotte è trascorsa da molto. Non ne posso più. Quelli del suo seguito, distrutti. Non s'è mangiato, non un caffè, non una bibita. Ma chi glielo fa fare, onorevole? Mi risponde aggrottando la fronte: "L'indolenza degli altri". E riparte con l'aereo. Ancora un aereo giocattolo "perché costa di meno"».

Marco Pannella mi telefonava spesso quando ero al «Giornale» e poi a «Libero», e sempre di domenica, quando mi trovavo a Bergamo e, accomodato sulla mia poltrona, guardavo la partita. Marco cominciava a parlare di tutto. Faceva veri e propri monologhi, era quasi impossibile inserirsi nel discorso in quanto non si concedeva pause. Le chiamate duravano una buona mezz'ora che diventava un'eternità. Marco mi raccontava le sue battaglie e i suoi propositi. Una volta gli chiesi a che diavolo servissero i suoi digiuni, che io ritenevo fossero inutili. Egli ci credeva davvero, li considerava determinanti e andava avanti a cappuccini. Un dì, durante uno dei suoi scioperi, stavolta della sete, venne addirittura ricoverato in ospedale. Era messo male. Fu accontentato nelle sue richieste e riprese a nutrirsi.

Partecipammo insieme alla presentazione del libro *Detenuti* di Melania Rizzoli. Era presente anche l'allora ministro della Giustizia, Paola Severino. Affrontammo uno degli argomenti che a Marco stavano più a cuore: quello relativo ai diritti delle persone che vengono private della libertà personale. Pannella era molto amato dagli italiani, sia di destra che di sinistra, metteva d'accordo tutti e possedeva una generosità straordinaria: se c'era una causa persa lui la cavalcava e questo aumentava la simpatia popolare nei suoi confronti, sebbene non abbia mai avuto delle grandi soddisfazioni. Marco non è mai stato ministro, tuttavia, se l'Italia si è ammodernata e ha avuto uno svecchiamento, lo si deve proprio a Pannella, il quale fece innanzitutto la campagna per il divorzio. Era moderno, privo di pregiudizi. Io lo sostenni nella battaglia a favore dei reclusi.

Pochi giorni prima di morire mi fece la solita telefonata torrentizia. Ricorrendo a un paragone automobilistico, di me diceva che ero come Indro Montanelli ma con un cilindro in meno. Di Marco apprezzavo anche il fatto che non parlasse mai male di Silvio Berlusconi, nonostante allora farlo fosse una sorta di obbligo morale, una moda imperante.

XV

I miei gatti

Il mio primo gatto era un bellissimo esemplare a pelo lungo che denominai «Vecio». Era bianco e nero, soffice e grazioso, e aveva un temperamento mite. Se non lo avessi salvato da un nubifragio sarebbe morto affogato. Probabilmente qualcuno lo aveva gettato in un fosso. All'epoca avevo circa 13 anni. Da casa mia sentivo un miagolio disperato, a cui io e mia sorella Mariella non potemmo restare indifferenti. Afferrati gli ombrelli, andammo a cercare il micetto che chiedeva aiuto. Non fu facile rinvenirlo, ma a un certo punto lo localizzammo. Se ne stava aggrappato con le unghiette a dei fragili arbusti per non finire in acqua. Ed era lì lì per cadere in quella pozza che lo avrebbe ammazzato. Allorché lo vidi in codesta condizione precaria, senza neanche spogliarmi né pensarci un attimo, mi gettai in quel ginepraio e allungando il più possibile il braccio destro afferrai il cucciolo che inerme si lasciò prendere, senza manifestare un minimo di ribellione. Ricordo che me lo strinsi al petto: non era bagnato, ma fradicio. Restai commosso dal suo desiderio di vivere. Era piccolino e suscitava una dolorosa tenerezza. Mariella e io lo portammo di corsa nel nostro appartamento caldo e asciutto, lo scaldammo e lo avvolgemmo in un morbido golf di lana che mia sorella gli aveva messo a disposizione. Il micio si lasciava fare tutto, era come rincuorato, era chiaro che si sentiva al sicuro. Gli fornimmo una ciotolina di latte tiepido, mia madre non si oppose e gliene fui grato. Nel giro di un'ora il nuovo arrivato era vispo e del tutto a suo agio nel nuovo ambiente.

Allora non c'erano in commercio i cibi specifici per i gatti, dunque Vecio si nutriva di ciò che mangiavamo noi. Mi procuravo di spezzettargli tutto, affinché lui non facesse fatica. Lo imboccai per circa un mese, dopo avergli confezionato pillole di pane mescolate a un po' di salsiccia, o di carne. Il gattino mandava giù i bocconi che era una meraviglia e nel giro di una settimana o due si rimise in sesto. Vecio si rivelò essere un felino estremamente sedentario. Non amava uscire, se ne stava in panciolle vicino a me. Qualche volta faceva una passeggiatina, lo lasciavamo uscire dalla finestra e rientrava più o meno ai consueti orari. Quando rincasavo in moto o in bicicletta, lui compariva dal nulla e mi seguiva, mi guardava e mi faceva qualche flebile miagolio, strusciandosi sulle mie gambe. Eravamo inseparabili.

Non mancava mai all'appello allorché era il momento di andare a letto. Vecio dormiva con me. Ogni sera lo prendevo da sotto la pancia con una mano sola e andavamo a nanna. Non voleva stare sopra le coperte, ma sotto, appiccicato al mio fianco. Questa consuetudine proseguì pure quando diventò un gattone adulto e pasciuto. Forse Vecio mi considerava la sua mamma, di sicuro ero il suo punto di riferimento fondamentale, dato che mi correva sempre dietro e me lo ritrovavo costantemente alle calcagna. Visse con noi a lungo. Avevo circa 20 anni quando morì. Ebbi un momento di totale disperazione quando mi resi conto che Vecio non ci sarebbe più stato, era il mio compagno. Quel micione mi è rimasto sempre nel cuore, anche ora che sono trascorsi più di cinquant'anni ne conservo un tenerissimo ricordo.

Gli successe Agostino, che irruppe nella mia esistenza quando ero già padre di quattro figli. Lo trovai un mattino in borgo Santa Caterina, a Bergamo, sui binari del tram. Stavo tornando a casa per il pranzo allorché mi accorsi di un gattino in mezzo alla strada. Fermai la macchina per raccoglierlo, lo caricai in macchina e lo condussi con me. Era il classico soriano tigrato, un bel micetto, senza dubbio. Mia moglie Enoe lo accolse come fosse un bimbo trovatello. Circondato da amorevoli cure, Agostino si riprese molto rapidamente. Era un gattino sano, che manifestò subito la sua felicità nel ritrovarsi tra le nostre quattro mura. Ben prestò diventò un gattone. Desiderando fare crescere i miei figli liberi e non chiusi in un appartamento, ci trasferimmo in una cascina e va da sé che portammo il gatto con noi ad Arcene, in questa nuova casetta circondata dal verde dove lui stava da dio. Non era castrato, quindi in certi periodi usciva e se ne andava a zonzo per le sue scorribande amorose. Agostino era molto affezionato a Fiorenza, la mia ultimogenita, la quale lo trattava come fosse il suo bambolotto, eppure il felino non protestava. Fiore lo metteva nel passeggino di Cicciobello, dopo avergli infilato la testa in una cuffietta, gli buttava addosso una copertina e lo portava in giro per l'abitazione. Agostino era innamorato di Fiorenza. Dal fondo della carrozzina la guardava con aria estasiata. Avevamo pure un altro gatto che si chiamava Grigiotto, il quale aveva un indole più selvatica. Un bel dì Fiore tentò di prenderlo in braccio e Grigiotto, insofferente alle manipolazioni infantili, la graffiò. Dovetti consolarla.

Agostino stava via anche un mese, quindici giorni di sicuro. Rientrava distrutto poiché battagliava con i suoi rivali per conquistare la micia dei suoi sogni. Osservandolo fiacco muovere verso la cascina, non potevi fare a meno di riflettere su quanto faccia male l'amore: è devastante. Agostino aveva la sua terapia d'urto per risollevarsi: si metteva sul frigorifero, stava lì due o tre giorni, riacquistava le forze, mentre noi lo accudivamo nel migliore dei modi. In quel periodo avevo fondato Delta Tv, dove avevamo una rubrica dedicata agli animali domestici, condotta da un veterinario, il quale mi chiese se potesse ospitare in studio Agostino nel corso di una puntata riguardante i gatti. Dopo varie insistenze, accettai e Agostino divenne una sorta di star, i centralini impazzirono. Se ne stava quieto, si lasciava manipolare, potrei dire che bucava lo schermo. Il veterinario lo prese in braccio per fare le sue spiegazioni, il micio era un paziente, o un valletto, buono e disponibile. Allietò le nostre giornate finché campò, ossia per circa otto anni.

Dopo di lui abbiamo avuto Amalia, gatta tigrata che mi aveva regalato il vicedirettore del «Corriere della Sera», Antonio Terzi, il quale l'aveva trovata passeggiando all'interno di parco Sempione. Una sera andai a cena a casa sua e mi presentò questa gattina, piccolina. «Se la vuoi, te la lascio volentieri» mi disse. Non me lo feci ripetere due volte. Abbandonai il banchetto con la micia in mano e la condussi a Bergamo. Lungo il tragitto io guidavo mentre lei stava appoggiata cheta sul mio braccio. Raggiungemmo casa che era sera tardi, eppure ciò non mi trattenne dallo svegliare Enoe per mostrarle la micetta, la quale si rivelò completamente pazza. Era anche buona, sì, ma si convinse di essere la tata dei miei figli. Li seguiva, li curava, li svegliava, li sorvegliava, giocava con loro, che la mettevano su un attaccapanni, poi prendevano uno zainetto, lo spalancavano e Amalia vi si buttava dentro. Nel soggiorno avevano luogo anche animate partite di tennis. Amalia dal pianoforte colpiva sia con la destra che con la sinistra la pallina che gli lanciava mio figlio Mattia. Questa micia era una birbona. Enoe aveva notato che sparivano i wurstel dal frigorifero. Un mistero. Un giorno sorprese Amalia intenta nelle sue operazioni di brigantaggio: la gattina si metteva sotto lo sportello del frigo e con le zampine posteriori lo apriva, esaminava le cibarie e poi lesta rubava ciò che più le andava. Enoe scoppiò a ridere. Del resto, avevamo già avuto un ladro in casa: Agostino con un'abilità da maestro riusciva ad asportare dalla casseruola bollente appetitose porzioni di coniglio, nel momento in cui mia moglie si distraeva. Il gatto era capace di compiere lunghi appostamenti e sapeva cogliere l'attimo migliore per lanciare con una zampata la selvaggina sul pavimento, farla raffreddare e poi spazzolarla senza lasciare prove compromettenti.

Abitavamo in una grande casa in città alta, a Bergamo, quando Amalia prese un altro vizio. Una sera ero a letto, e a un certo punto si accese la luce del salone, poi si spense, poi si accese di nuovo e andò avanti così per un po'. Io ed Enoe pensammo le cose più assurde. La sera seguente accadde lo stesso, allora decidemmo di alzarci per andare a vedere chi dei nostri figli si divertisse a spaventare la famiglia. Così, quatti quatti, raggiungemmo la sala e una gran sorpresa ci colse allorché vedemmo Amalia seduta su un tavolino che era posto sotto l'interruttore, che la micia premeva a ripetizione. Pigiandolo osservava stupefatta il lampadario illuminato, poi lo spegneva, dopo lo accendeva nuovamente, e aveva l'espressione di chi ha scoperto chissà quale fenomeno.

Quando partivamo per le vacanze, la portavamo con noi sul lago di Garda, in una villa circondata da un parco, che Amalia ispezionava non appena sbarcata dall'automobile. Fu lì che la micia diventò mamma mettendo al mondo due gattine proprio sul letto di Fiorenza. Una la tenemmo, l'altra la affidammo alla sorella di mia moglie. Una mattina mi ritrovai una figlia di Amalia nella tasca del mio soprabito. Se non mi fossi accorto di avere un peso addosso, l'avrei condotta con me al «Corriere». La tirai fuori dalla tasca che era mezza addormentata.

Allora Fiorenza frequentava il liceo e verso le 13 tornava a casa da scuola in compagnia di un suo amico con il quale si fermava davanti al portone a fare due chiacchiere. Allora Amalia diventava matta, saliva sulla finestra e, vedendo Fiorenza sotto, miagolava a più non posso al fine di incitarla a mollare il suo compagno di classe e rincasare alla svelta.

Dopo Amalia abbiamo avuto Camilla. Era stata abbandonata nei pressi di un bar, a Bergamo, nel quartiere Conca Fiorita. Era minuscola. La accogliemmo e la nutrimmo con il biberon tanto era piccola. Stabilimmo dei turni, anche di notte, affinché la gattina poppasse ogni due ore. Camilla diventò una gatta forte e sana, sebbene minuta, e morì all'età, veneranda per la sua specie, di 17 anni. Camilla aveva una specialità: mi piombava addosso e si metteva intorno al mio collo come una sciarpa. Nello stesso periodò giunse da noi Ciccio Grigio. Un mattino mia moglie uscì in giardino e una ragazza le disse che aveva rinvenuto questo gattino e che non avrebbe potuto tenerlo. Siccome nella mia famiglia siamo capaci di resistere a tutto tranne che ai micetti, Enoe lo prese tra le braccia e decise che lo avrebbe amato e protetto. Qualche minuto dopo mi telefonò al «Giornale» per fare la sua perdonabile confessione: «Ho insegnato ai miei figli che se vedono un gattino non devono prenderlo, ma io non ne sono stata capace. Sei arrabbiato?». Quella sera tornai di corsa a Bergamo per conoscere il nuovo arrivato. Entrai in camera da letto e vi trovai il micio che dormiva stretto stretto a Enoe, serafico, come se non fosse successo nulla.

Ciccio Grigio diventò mio amico. Quando traslocammo in un'abitazione più grande, i gatti si adattarono subito. Ciccio era in simbiosi con me: mangiavo e mi stava sulle ginocchia, scrivevo e faceva lo stesso, e io sopportavo quel peso che mi bloccava la circolazione pur di averlo vicino. Nella fine settimana lavoravo nel mio studio e lui mi seguiva al piano superiore. Guardava la macchina da scrivere e cercava di fermare i tasti, a volte lo prendevo e lo mettevo a terra, dicendogli: «Dai, vai, fammi finire». Ciccio mi ascoltava, faceva qualche passo, poi si girava, emetteva un miagolio di disappunto, o di rimprovero, e spariva. Appena terminavo il mio articolo, immediatamente ricompariva, balzava sulla scrivania e pretendeva di visionare il foglio. Pure lui visse diciassette anni.

Ogni tanto da casa facevo i collegamenti con Massimo Giletti, che allora conduceva «Domenica In». Persino in quelle occasioni Ciccio voleva stare in braccio a me. Una volta, nel bel mezzo della diretta, mi saltò sulle gambe e i cameramen inquadrarono prontamente il micio. Il suo faccione riempiva lo schermo, il giorno seguente Giletti mi chiamò per dirmi che avevano ricevuto centinaia di telefonate dai telespettatori che avevano apprezzato Ciccio Grigio, mica me. Allorché il micio si ammalò, ordinai dagli Stati Uniti delle palline in cui dovevo infilare, mimetizzandone il sapore, l'amaro medicinale che gli serviva per lenire i dolori.

Gli allungammo l'esistenza di un anno con codeste cure, ma un dì Ciccio smise di mangiare. Decise di morire. La prima volta che piansi a dirotto nella mia vita fu quando Ciccio mi lasciò. Provai una pena atroce.

Ebbi sollievo soltanto il pomeriggio in cui giunse in casa nostra Ciccio Grigiotto. Me lo portò una mia giornalista, Cristiana Lodi, la quale si era imbattuta in due gattini sul ciglio di un fosso, la loro mamma era stata travolta da una macchina e per lei non c'era stato nulla da fare. Cristiana tenne quello rosso, di quello grigio mi mandò una fotografia e io me ne innamorai all'istante. Una domenica mise il piccolo in auto e viaggiarono da Mantova a Ponteranica per raggiungere me ed Enoe. Arrivò questo batuffolo grigio, poi divenuto un bisonte. Era impaurito, si mise sotto la credenza, dopo dieci minuti tirò fuori la testolina, poi trovò il coraggio di avvicinarsi e mi salì in braccio. Oggi Ciccio è una bestia, la sua mole è straordinaria. Certe notti, soprattutto in inverno, dorme con me, tuttavia verso le 5.30, con una delicatezza che soltanto i felini possiedono, mi sveglia con la sua zampina fresca, poggiandomela dolcemente sul viso. Pranza e cena sul tavolo con noi. Non disdegna nulla, è una buona forchetta ed è capace di sconfezionare un pandoro e divorarlo nel cuore della notte.

Ciccio Grigiotto è anche un gatto generoso: riportò a casa una gattina nera, Rosa, che ci era stata data da una giornalista, Paola Abrate. Rosa, pur essendo persiana, aveva un'indole selvatica. Era refrattaria alla vita domestica, così ruppe la zanzariera alla finestra della mia stanza e fuggì. Non la vedemmo per almeno due settimane. Enoe disseminava piattini di cibo nel giardino e aveva capito che lei era da quelle parti poiché il contenuto veniva spazzolato. Una sera Ciccio entrò in casa dalla finestra e notai che aveva un atteggiamento strano, esitava, si voltava indietro. Insomma, cercava di convincere Rosa a non avere paura e ad accedere insieme a lui. Da allora Rosa dorme sotto il nostro tetto e abita con noi, sebbene non si faccia accarezzare. Noi rispettiamo il suo desiderio di non essere toccata. A questa banda di gatti si sono poi aggiunti il Biondo e Giuliano, il primo è bianco e il secondo è rosso. I gatti mi fanno tenerezza, mi affascinano. Fin da bambino bussavo all'uscio di una brava signora che abitava nel palazzo dove sono nato la quale aveva una micia che periodicamente faceva i gattini. Io me ne stavo ore a guardarli e avevo quasi timore di sfiorarli, tanto mi sembravano delicati e preziosi.

Infine, c'è Sparky. Un bel pomeriggio di circa una quindicina di anni fa, intorno alle tre io e mia figlia Fiorenza uscimmo in giardino per fumare una sigaretta seduti su una panchina. All'improvviso sentimmo un miagolio che assomigliava a una richiesta di soccorso. Cercammo di capire da dove provenisse e ci mettemmo alla ricerca di quello che a giudicare dal suono doveva essere un gattino di pochi mesi. Setacciammo inutilmente l'area verde. Allora Fiore ebbe la brillante idea di coinvolgere nella perlustrazione il nostro cane, un lupoide di nome Ciro, il quale aveva l'abitudine bizzarra nella notte di Capodanno di rompere le bottiglie di vino gettandole sul pavimento per poi ubriacarsi, forse perché intimorito dai botti. «Senti questo rumore, Ciro? Vai a prendere il micio e portalo qui» gli sussurrò mia figlia. E il cane si dileguò per poi ricomparire, in un batter d'occhio, con un micetto tra le fauci. Sparky era tenerissimo, aveva il manto parzialmente lungo, bianco e nero. Da quel momento Sparky e Ciro divennero inseparabili. Un giorno sparirono entrambi. Eravamo disperati: il cancello era rimasto aperto ed era chiaro che erano scappati via, smarrendosi e finendo chissà dove. Mia moglie aveva quasi perso le speranze allorché, verso le 18, vide avviarsi sul vialetto che conduce a casa Ciro, tranquillo come chi torna da una vacanza, in compagnia di Sparky che gli camminava accanto. Non era raro che il felino balzasse sulla testa di Ciro e che se ne andassero in giro così. Un mattino trovammo Sparky morto sopra una sedia in cucina. Ciro lo cercò per mesi emettendo un terribile lamento. Non si riebbe mai più dalla perdita del suo compagno e un paio di anni più tardi lo seguì.

Se esiste un paradiso, di sicuro quei due in questo momento sono insieme.

Mondadori Libri S.p.A.

Questo volume è stato stampato
presso ELCOGRAF S.p.A.
Stabilimento - Cles (TN)

Stampato in Italia - Printed in Italy